Lost & Dark Places
Hannover und Umgebung

Europas größter Lost Place: das verlassene Einkaufszentrum an der Ihme (Kapitel 11)

Uwe Grießmann

Lost & Dark Places
HANNOVER UND UMGEBUNG

33 vergessene, verlassene und unheimliche Orte

BRUCKMANN

↑ Unfreiwillige Besucher haben einen eigenen Eingang (Kapitel 2).
↓ Die Fassade der Polizeidirektion Hannover (Kapitel 2)
↘ Urnen wie diese finden sich viele im Hinüberschen Garten (Kapitel 5).

INHALT

33 LOST & DARK PLACES

↑ Viel vom früheren Freizeitvergnügen ist nicht mehr zu sehen (Kapitel 20).
↗ Stammen nicht von der Osterinsel: Gedenksteine für tote Kumpels (Kapitel 32).

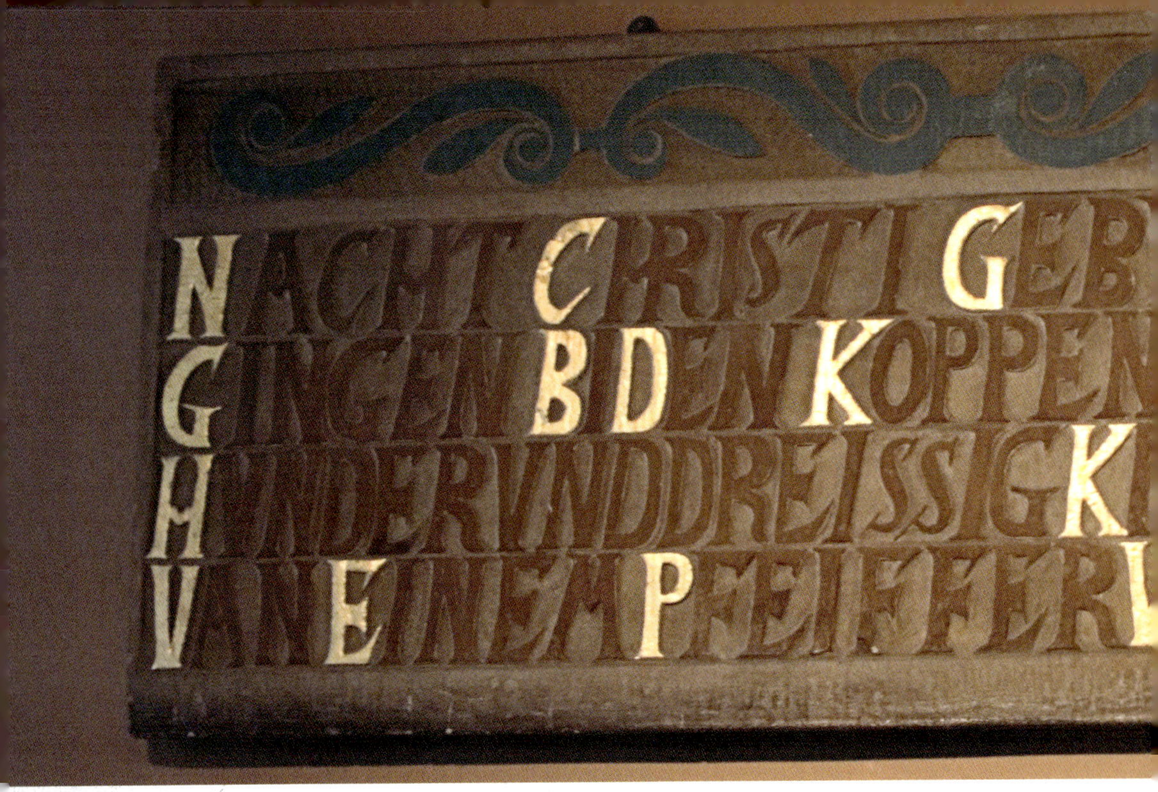

HANNOVER, EINE KEIMZELLE FÜR SERIENMÖRDER?

Wer sich Gedanken über die Landeshauptstadt Niedersachsens macht, denkt vielleicht an das Schützenfest Hannover, das weltweit größte seiner Art. Oder an die eine oder andere Lüttje Lage (Kornbrand und obergäriges Schankbier, das aus zwei Gläsern gleichzeitig getrunken wird), die er dort genießen kann. An große Parks oder den Zoo. An die überfüllte Fußgängerzone oder natürlich an Hannover 96. Dass Hannover eine Keimzelle für Serienmörder sein soll, ist selbstverständlich ein wenig übertrieben. Dennoch gab es mehrere Einwohner der Stadt, die dieser Tätigkeit nachgingen. Alle hatten sie Helfer, die ihnen beim Morden bereitwillig zur Seite standen. Serienmördergehilfen. Die Rede ist von Fritz Haarmann und von Jasper Hanebuth. Da wären noch zwei Massenmörder zu nennen. Alfred Roselieb war Scharfrichter in der Zeit des Nationalsozialismus. Wilhelm Röttger, der den gleichen Beruf innehatte, tat sich damit hervor, Todesurteile im Minutentakt vollstrecken zu können. Und es gab noch einige weitere Männer, die sich in der NS-Zeit für die Ausrottung alles Nichtarischen sowie der Kommunisten, Sozialdemokraten, Sinti und Roma besonders engagierten. Wenn man im Internet nach Lost & Dark Places in und um Hannover sucht, kommen die üblichen Verdächtigen zum Vorschein. Ob es der Geisterbahnhof unter dem Hauptbahnhof ist oder die Freiherr-von-Fritsch-Kaserne und natür-

Die Inschrift zeugt vom Verschwinden von 130 Kindern. Früher war sie an einem Haus angebracht, heute in einem Museum (Kapitel 28).

lich das Anne-Forke-Stift. Auf manche habe ich verzichtet, da sie zu geläufig sind. Auf einige habe ich zurückgegriffen, weil dahinter interessante, zum Teil weniger bekannte Geschichten stecken. Was selbstverständlich nicht fehlen durfte, ist der größte Lost Place, den es in Europa gibt, das Ihme-Zentrum. Meine damalige Freundin und jetzige Frau hat in Hannover studiert. Ich war an vielen Wochenenden zu Besuch bei ihr. Vor dieser Stadt in der Stadt habe ich mich als Mittelstädter immer gegruselt. Sie war damals schon eine gigantische, tote Betonwüste, durch die ein stetiger Wind pfiff. Dennoch war ich gerne dort, denn da gab es ja diesen großen Elektromarkt mit der riesigen (gerade aufkommenden) CD-Abteilung. Die hatte eine immense Anziehungskraft auf mich. Apropos Mittelstadt. Nein, ich bin nicht aus Hannover, habe dort nie gelebt. Ich komme aus Unterfranken (nicht Bayern), aus Schweinfurt, bin aber vor Jahren mit meiner Frau nach Hildesheim gezogen. Wer jetzt Lust hat, weitere Rückschlüsse zu ziehen, gerne. Warum interessiert sich ein Franke für die Historie dieser Gegend? Ganz einfach: Wer hat Hildesheim gegründet? Das war im Jahr 815 Ludwig der Fromme, König des fränkischen Reiches. Nach dem Niedergang des Frankenreichs übernahm der westliche Teil den Namen Frankreich. Im östlichen Teil entwickelte sich das Heilige Römische Reich Deutscher Nation, in dem auch Gebiete diesen Namen bewahrten. Neben Rheinfranken auch die fränkische Region.

Ich bin viele Kilometer gefahren, habe weite Zeitreisen unternommen und einiges erlebt. Ich war in und um Hannover unterwegs, oft mit meiner Frau. Ein Polizeihistoriker hat mich mit ins Gefängnis genommen. Dort war ich in der Zelle, in der Fritz Haarmann bis zu seiner Verlegung ins Gerichtsgefängnis einsaß. Ein paar Jugendliche haben uns zum Baden in der Aller eingeladen.

Als Autor eines Romans über die Hexenverfolgung in der Frühen Neuzeit hat mich natürlich der letzte Hexenprozess Hannovers interessiert. Da die Stadt im Zweiten Weltkrieg ein ähnliches Schicksal erleiden musste wie Schweinfurt, habe ich eine Bombennacht genauer unter die Lupe genommen. Die schlimmste des Kriegs. Auch die Frage, wie die Menschen eigentlich einst hier in der Gegend lebten, hat mich beschäftigt. Parks, Türme, Badeanstalten, ein Heilbad, viele Lost Places habe ich behalten, noch mehr wieder verworfen. Ich empfand sie als uninteressant. Andere waren besser geeignet, doch einige fielen Platzgründen zum Opfer. Denn eines wollte ich unbedingt in die Tat umsetzen: den Blick über den Tellerrand, den Blick in die angrenzenden Landkreise. Warum? Wer weiß, dass es einst in Alfeld die größte Tierhandlung weltweit gab? Wer diese Geschichte gelesen hat, wird verstehen, dass sie auch mit Hannover zu tun hatte. Weshalb wurden im Landkreis Celle 101 Bäume angepflanzt? In Nienburg/Weser verschwand ein Schausteller spurlos, in seinem Häuschen finden sich immer noch persönliche Dokumente. Was ist mit ihm geschehen? Viele werden nicht mehr wissen, warum im Landkreis Peine einst das (bis dahin) größte Medienspektakel in der Bundesrepublik stattfand und ein Reporter eines bekannten Boulevardblattes verprügelt wurde. Ist es geläufig, dass ein Hildesheimer Bischof eine blutige Fehde mit den Braunschweigern ausgetragen hat, in die auch Hannover einbezogen wurde? In der Nähe von Walsrode stand die größte Sprengstofffabrik Nazideutschlands. Viel ist davon nicht mehr übrig. Und was macht ein Astronaut im Hildesheimer Wald? Fragen über Fragen (auch wenn sie manchmal nicht als Fragen formuliert sind), auf die es in diesem Buch Antworten gibt.

Kein verwunschenes Schloss: die Villa Goedeckemeyer (Kapitel 9)

Es ist das zweite Buch dieser Art, das ich geschrieben habe. Für beide Werke bin ich oftmals tief in die Historie der beschriebenen Orte eingetaucht. Das hat meistens Spaß gemacht, manchmal war es frustrierend. Zum Beispiel, wenn Leute Besitzer von Grundstücken sind, auf denen sich tolle Lost Places befinden. Doch wenn sie um Erlaubnis gefragt werden, ob ich auf das Gelände darf, bekomme ich nicht einmal eine Antwort. Oder man trifft Menschen, die mir versprechen, sie rufen spätestens morgen zurück, um mich mit Infomaterial zu versorgen. Ich warte dann ein Jahr und gebe schließlich auf. Vielleicht schon früher.

Trotz allem. Es gibt in und um Hannover herum viel spannende und unheimliche Orte. Kinder, Frauen und Männer sind gestorben oder wurden ermordet, haben gelitten. Dieses Buch ist auch ein Buch der Erinnerung an diese Menschen. Gute und schlechte Erinnerungen.

Ausgangspunkt der beschriebenen Anfahrten im Infokasten ist immer der Hauptbahnhof oder der Kröpcke (das ist dann erwähnt) mit U-Bahn oder Straßenbahn. Auf Routenbeschreibungen für Autofahrten innerhalb des Stadtgebiets habe ich verzichtet.

Symbolträchtig: gerissenen Ketten und eine Fledermaus am Gefängnis der Polizeidirektion Hannover (Kapitel 2)

VERHALTENSREGELN FÜR LOST PLACES

1. Behandeln Sie die Orte mit Respekt

Jedes Bauwerk und jedes Gebäude erzählt eine Geschichte aus vergangenen Tagen. Dies gilt es zu schützen. Und auch wenn es teilweise nicht so aussieht, aber jeder dieser Lost Places hat einen Eigentümer. Das sollte respektiert werden. Das beinhaltet vor allen Dingen, dass nichts zerstört oder gewaltsam geöffnet wird. Sind Fenster oder Türen verschlossen, sollte das auch so bleiben. Gehen Sie respektvoll mit dem Ort um.

2. Nehmen Sie nichts mit, lassen Sie nichts da

Wenn Sie etwas von einem Lost Place mitnehmen, und sei es noch so klein, ist es Diebstahl. Wie bereits in Punkt 1 gesagt, alle diese Orte haben einen Eigentümer. Daher gilt die Regel: Alles bleibt, wie es ist. Belassen Sie es bei den schönen Einblicken und Fotos, die Sie an dem Ort machen. Gleiches gilt auch umgekehrt: Lassen Sie nichts liegen. Keine Essensreste, keine Kaugummis, keine Kippenstummel.

Ein Kriegsdenkmal mit Blick auf ein Möbelhaus (Kapitel 3)

3. Rauchen verboten

Das bringt uns zum nächsten Punkt: Rauchen verboten. Zollen Sie dem ehrwürdigen Ort Respekt und verzichten Sie für die Zeit, die Sie da sind, auf Rauchen. Kippenstummel brauchen nicht nur 15 Jahre zum Verrotten (sie sollten übrigens nirgends achtlos weggeworfen werden), sondern können schnell ein Feuer verursachen.

4. Keine Graffiti

Dass Sie nichts hinterlassen sollen, gilt auch für Kunstwerke an den Wänden. Man sprüht einfach nicht auf fremdes Eigentum, sei es noch so schön. Lassen Sie die Wände wie sie sind, sodass auch noch Menschen nach Ihnen den Ort so erleben können, wie er früher einmal war.

5. Seien Sie vorsichtig

Vorsicht ist besser als Nachsicht. Das gilt vor allem bei Lost Places. Marodes Holz, verrostete Geländer, einsturzgefährdete Decken, lockere Böden (teilweise befinden sich noch Kellergeschosse darunter), eingeschlagene Fenster – die Liste der Gefahren solcher Orte ist lang. Seien Sie daher immer wachsam. Begeben Sie sich niemals in Gefahr für das eine Foto. Das ist es nicht wert. Treppen und obere Etagen sind eine gängige Gefahrenquelle. Schauen Sie sich den Zustand der Treppe und der Decke genau an. Nehmen Sie auch eine Taschenlampe für dunkle Räume und Keller mit.

6. Gehen Sie nicht allein

Es ist ratsam, immer mindestens zu zweit, besser noch zu dritt, einen Lost Place zu besuchen. Da gilt die alte Regel: Ist eine Person verletzt, bleibt die zweite vor Ort und die dritte holt Hilfe. Zudem weiß man nie, wen man vor Ort trifft. Plünderer, Spinner und betrunkene Jugendliche sind auch oft in Lost Places anzutreffen. Da ist es beruhigender, nicht allein unterwegs zu sein.

7. Erregen Sie kein Aufsehen

Da viele Lost Places in Privatbesitz sind, gilt hier »Betreten verboten«. Auch wenn das Tor angelweit aufsteht oder ein riesiges Loch im Zaun ist. An Orten, an denen das Zugangsrecht nicht ganz klar ist, ist es ratsam, sein Auto nicht direkt vor dem Gelände zu parken. Schauen Sie beim Betreten des Geländes auch immer, dass Sie niemand sieht. So vermeiden Sie unerwünschte Begegnungen und mögliche Konfrontationen mit der Polizei.

Ausrüstung

Wir empfehlen Folgendes:

- Festes Schuhwerk, hohe Socken (Schutz vor Zecken)
- Reißfeste Kleidung, ggf. leichte Regenjacke
- Kamera inkl. Zusatzakku, Speicherkarten, Stativ
- Proviant und Getränke (nehmen Sie aber alles wieder mit)
- Kopf- oder Stirnlampe für freie Hände
- Taschenlampe mit weitem Winkel für Keller und dunkle Räume
- Taschenmesser
- Aufgeladenes Handy (ggf. Powerbank)
- Notizblock und Stift
- Pflaster und Taschentücher
- Mücken- und Zeckenspray

Einst ein Vorzeigeobjekt, heute verfällt das Ihmezentrum zusehends (Kapitel 11).

Hier schwimmt schon lange keiner mehr, auch die Zeit der Rockkonzerte ist passé (Kapitel 8).

HANNOVER

1

EIN VERSCHÜTTETER GANG

Der Fluchtgang am Leineufer

Vor 370 Jahren wurde hier ein Mann öffentlich hingerichtet. Es gab wohl niemanden, der seinen Tod bedauerte.

Ort Promenade am Hohen Ufer 3A **GPS** 52.372921, 9.730247
Anfahrt Linien 3 und 7 Wettbergen, 9 Empelde bis Haltestelle Markthalle/Landtag, dann zu Fuß über Leinestraße, links in die Schlossstraße, gleich wieder rechts durch die Klostergasse zum Hohen Ufer.

Das Geburtshaus von Jasper Hanebuth beherbergt heute einen edlen Italiener.

AUF DEM FLOHMARKT Heute erinnert fast nichts mehr an einen Ort, an dem früher Menschen hingerichtet wurden. Außer ein kleines eisernes Tor. Dieses kann man von einem Ort aus sehen, an dem jeden Samstag Antiquitäten und billiger Chinaramsch die Besitzer wechseln: Die Rede ist vom Flohmarkt am Leineufer.

DER FLUCHTGANG ZUR KREUZKIRCHE
Auf der gegenüberliegenden Leineseite wurde am 4. Februar 1653 ein Mann hingerichtet. Von Protesten wird dieses Todesurteil wohl nicht begleitet gewesen sein. Eher wurde der Tod des Verurteilten mit Erleichterung, wenn nicht mit Genugtuung aufgenommen. Bei dem Mann, der den Tod durchs Radebrechen starb, handelte es sich um Jasper Hanebuth. Sicher war es den Menschen damals nicht bewusst, dass kaum einen Steinwurf von der Richtstätte entfernt ein Geheimgang gelegen war, der später als Hanebuths Gang in die Geschichte eingehen sollte. Legenden besagen, dass dieser heute zum Großteil verschüttete Stollen zwischen der ehemaligen Stadtmauer und der Kreuzkirche Hanebuth als Fluchttunnel nach seinen Morden und Raubzügen sowie als Versteck gedient haben soll. Das war aber wahrscheinlich nicht der Fall. Wobei es ebenfalls nicht bewiesen ist, dass der Gang tatsächlich unter der Kirche endet. Der Eingang von der Leineseite aus ist heute durch ein eisernes Tor gesichert. Dahinter findet sich der gemauerte Tunnel, der zumindest in Richtung Kreuzkirche führt.

Hinter dieser Stahltür soll sich der Fluchtgang Jasper Hanebuths befunden haben.

DER 30-JÄHRIGE KRIEG Von Jasper Hanebuth ist bekannt, dass er 1607 auf dem Hof Pieper geboren wurde. Das heute denkmalgeschützte Gebäude hat die Adresse Groß-Buchholzer Kirchweg 17. Dort steht auch eine Skulptur mit dem Namen »Hanebuths letztes Opfer«. Im 30-jährigen Krieg diente dieser auf der schwedischen (also protestantischen) Seite als Söldner. Wahrscheinlich ist, dass sein in Buchholz gelegenes Haus in den Kriegswirren abbrannte. Aus Geldnot überfielen er und zwei Kumpane einen jungen Marketender. Das war ein Händler, der sich um die Versorgung militärischer Truppen, insbesondere der Soldaten kümmerte. Um an die Beute zu kommen, drei Pferde und das Geld, wurde der Knabe mit einem Kopfschuss getötet, seine Leiche in einem Graben entsorgt. Das war der Beginn von Hanebuths Karriere als Serienmörder. Manchmal arbeitete er alleine, oftmals aber auch mit wechselnden Spießgesellen zusammen. Gesichert ist, dass auf Hanebuths Konto mindestens neunzehn Morde und zehn Pferdediebstähle gehen. Die Opfer

Die Skulptur Hanebuths letztes Opfer hieß früher Großer Sockeltorso XX.

waren Marketender, Reisende oder Soldaten. Die Fremden soll er teilweise in einer Schenke belauscht haben, während er zechte und dem Würfelspiel frönte.

VERHAFTUNG UND TOD Nach Ende des Krieges 1648 trieb Hanebuth weitere vier Jahre sein Unwesen in Hannover und Umgebung. Dabei tarnte er sich als Pferdehändler, wurde jedoch wegen Pferdediebstahl angezeigt und am 14. November 1652 verhaftet. Während der Gerichtsverhandlung gestand er die Diebstähle und Morde. Da es Zweifel an seinen Schuldeingeständnissen gab, wurde ihm mehrfach mit Folter gedroht. Am 4. Februar 1653 verurteilte ihn das Blutgericht zum Tode. Am nächsten Tag wurde Hanebuth durch das Steintor vor die Befestigungsmauern Hannovers gebracht. Dort zerschlug ihm der Henker die Knochen aller Gliedmaßen, angefangen bei den Schienbeinen, dann die der Oberschenkel. Alsdann kamen Unter- und Oberarme an die Reihe. Dafür benutzte er ein spezielles Rad, welches Richtrad genannt wurde. Das Rad wurde aus über Kopfhöhe auf die Extremitäten gestoßen. Als diese Arbeit erledigt war, konnte Hanebuth auf ein anderes Rad geflochten werden. Ein furchtbarer Tod, der einige Stunden dauern konnte. Damit der Verurteilte nach dem damaligen Glauben nicht wieder auferstehen konnte, wurde er nicht begraben. Sein Körper verblieb auf dem Rad, bis die vermoderte und von Tieren zerfressene Leiche von selbst abfiel. Ein gerechter Tod in einer grausamen Zeit? So waren die Strafen in der Frühen Neuzeit.

Das besondere Erlebnis

Julians Eismanufaktur Birne & Beere in der Calenberger Straße 43–45 ist nicht nur eine der besten Eisdielen Hannovers, dort werden auch EismacherInnen-Kurse angeboten. Wer nicht so weit laufen möchte, kann auf der Seite birneundbeere.de den aktuellen Standort des Eisfahrrads herausfinden, das durch die Innenstadt fährt. Es ist sogar buchbar und bringt bis zu 60 Kilogramm Eis mit. Ein Party-Hit.

Die Leine-Promenade am Hohen Ufer ist heute eine beliebte Flaniermeile.
Früher war hier ein Richtplatz vor der Stadtmauer.

Das Gefängnis der Polizeidirektion verschwindet immer mehr hinter Neubauten.

2

LEIDEN INMITTEN PREUSSISCHER HERRLICHKEIT

Das Gefängnis der Polizeidirektion Hannover

Wer ins Zuchthaus geworfen wird, der hat etwas auf dem Kerbholz. Oft genug sind Gefangene aber auch unschuldig, besonders, wenn sie in einem Unrechtsregime leben.

Ort Waterloostraße 9, 30169 Hannover **GPS** 52.365891, 9.731775
Anfahrt U-Bahn Linien 3 und 7 Wettbergen und 9 Empelde bis Haltestelle Waterloo, zu Fuß weiter in die Waterloostraße

AB IN DEN KNAST Wer mal in Hannover ins Gefängnis muss, hat vielleicht das Glück, dass er in dem musealen Gebäude in der Waterloostraße/Hardenbergstraße untergebracht wird. Als Mann möglicherweise in Zelle 1, in der auch der mehrfache Mörder Fritz Haarmann (siehe Kapitel Das Protokoll des Grauens) eingeschlossen war? Oder als Frau dort, wo die Rote-Armee-Fraktions-Terroristin Ulrike Meinhof nach ihrer Festnahme in Langenhagen eine Weile einsaß, ehe sie in die Justizvollzugsanstalt Köln gebracht wurde? Die Rote-Armee-Fraktion (RAF) war eine linksextremistische Vereinigung, die insgesamt 34 Morde, dazu Entführungen, Geiselnahmen, Sprengstoffattentate und Banküberfälle auf ihrem Kerbholz hatte. 1970 gilt als die Geburtsstunde der RAF, damals noch unter dem Namen Baader-Meinhof-Bande., Bis zur offiziellen Auflösung 1998 hielt die Terrorvereinigung Deutschland mit Gewaltakten in Atem. Die RAF hatte 60–80 Mitglieder über 3 Generationen, 24 von ihnen kamen zu Tode. Drei ehemalige Terroristen machen heute noch Schlagzeilen, denn sie verdienen sich ihren Lebensunterhalt mit Raubüberfällen.

ZURÜCK IN DIE GEGENWART »Bevor wir ins Innere gehen, möchte ich Ihnen erst einmal etwas zeigen«, sagt Dr. Dirk Götting, Polizeihistoriker an der Polizeiakademie in Nienburg/Weser. Wir wandern langsam um das Gebäude Waterloostraße 9 herum und gelangen in die Hardenbergstraße. Auf dem Weg erzählt er über die Pläne, die im Kaiserreich geschmiedet wurden. »Hier gegenüber war eine preußische Kaserne und hier an dieser Stelle sollten eigentlich prächtige Wohngebäude entstehen.« Es gab Proteste der Anwohner, niemand wollte ein Polizeigebäude und erst recht kein Gefängnis in seiner Nähe haben. Doch die Regierung setzte sich durch, da der Weg von hier ins Arbeiterviertel Limmer kurz war. »Von Arbeitern gehen ja immer revolutionäre Gedanken aus. Reiche Menschen begehen dagegen so gut wie keine Verbrechen«, behauptet er schmunzelnd. So dachte man damals jedenfalls. Deshalb wurden ab 1900 einige gewaltige Prachtbauten im Neo-Renaissance-Stil in die Höhe gezogen. Seit 1903 bis in die heutige Zeit beherbergen sie die Polizeidirektion Hannover mit angeschlossenem Gefängnis. Ein paar Reliefs sind am Gebäude angebracht, eines zeigt Polizisten, die einen Mann und eine Frau, packen. Offensichtlich arme Menschen.

IM KNAST Jemand hämmert gegen eine Tür und schreit dann: »Lasst mich raus!« Das macht er alle paar Minuten. Aber den Gefallen wird ihm vorerst keiner tun. Er sitzt in Untersuchungshaft ein. Die erkennungs-

In Zelle 1 saß der Serienmörder Fritz Haarmann bis zu seiner Verlegung ins Gerichtsgefängnis.

dienstliche Behandlung muss er auch noch durchlaufen. Das Gefängnis sieht innen aus wie eine Filmkulisse. Drei Stockwerke hoch mit einem breiten bis zum Dach reichenden Mittelgang. Jede Etage ist mit Fallnetzen gesichert. Galerien führen zu den Zellen. An den Zellentüren stehen seltsame Zahlen, die Zellennummer und zum Beispiel: 14.39 cbm. »Diese Zelle hat 14,39 Kubikmeter Rauminhalt«, klärt Dr. Götting auf. Wir kommen zu Zelle 1 (12.77 cbm.) Hier saß Haarmann bis zu seiner Verlegung in das Gerichtsgefängnis. Ein enger hoher Raum, die Wände weiß getüncht, durch das vergitterte Fenster fällt helles Licht. Die Hälfte des Raums nimmt eine schmale Pritsche ein, die Matratze hochgeklappt. Es gibt keine Toilette, kein Waschbecken. Weiter geht es in den Mitteltrakt, wo es eine Gemeinschaftszelle gibt, die bei Großlagen mit vielen Verhaftungen verwendet wird. Eine Tür führt ins Freie – oder auch nicht –, denn der Polizeibus fährt direkt an diese Tür heran, sodass die Festgenommenen unmittelbar in Gewahrsam kommen. Ob sie wollen oder nicht. Hier gibt es eine Toilette hinter einem halbhohen Sichtschutz. Der Raum ist bis an die Decke weiß gefliest. An den Mitteltrakt schließt sich der Frauentrakt an. Dr. Götting zückt das Smartphone und zeigt uns ein Bild. Es ist Ulrike Meinhof, die von einigen Beamten begleitet eine Treppe herabgeführt wird. Das Bild ist von unten geschossen worden. »Wo das wohl ist?«, fragt er den Polizisten, der uns eskortiert. Wir machen uns auf die Suche und werden im dritten Stock fündig. Die Top-Terroristin und der Serienmörder sind nicht die einzigen prominenten Personen, die hier untergebracht waren.

↓ Viel Platz bieten die 14,58 cbm nicht für Gefangene.
↘ Blick auf das Neue Rathaus – durch fast blinde Scheiben

Relief an der Außenfassade:
die Verhaftung offenbar armer Leute durch Polizisten

MISSHANDELT, GEFOLTERT, ERMORDET

»1933–1945 haben Menschen im Polizeipräsidium besonders extrem gelitten: Menschen, die ihre Rechte als politisch aktive Bürgerinnen und Bürger wahrgenommen, die aktiv Widerstand gegen den Unrechtsstaat zu leisten versuchten, Angehörige von ethnischen und religiösen Minderheiten, Menschen, die nicht Teil der rassistisch und sozialhygienisch definierten ›Volksgemeinschaft‹ sein sollten.« Dies steht auf einer Informations- oder vielmehr Gedenktafel außen am Gebäude. Der Staatsterror begann am Morgen nach dem Reichstagsbrand am 28. Februar 1933. Lange vor Sonnenaufgang wurden die Leute aus den Betten geholt. Kommunisten, Gewerkschafter, Parteilose, Sozialdemokraten. Frauen und Männer. Darunter der Kommunist August Baumgarte und die Sozialdemokratin Auguste Breitzke. Um die 150–200 Menschen wurden in die große Zelle gepfercht, ehe die meisten von ihnen in Konzentrationslager gebracht wurden. Um Geständnisse zu erzwingen, wurden sie gefoltert und misshandelt.

Das besondere Erlebnis

Das 1913 eingeweihte »Neue Rathaus« kann kostenlos besichtigt werden. Der Aufzug, der für 4 € in die Kuppel aufsteigt, ist europaweit einzigartig. Er fährt nämlich in einer Parabel 50 Meter nach oben. Weiter geht es über eine Spindeltreppe bis zur Aussichtsplattform. Und die bietet einen schönen Rundumblick über Stadt, Maschsee oder die Ricklinger Teiche.

3

FLAMMEN ÜBER DER STADT

Die Nacht, in der die Aegidienkirche zum Mahnmal wurde

In der Nacht auf den 09. Oktober 1943 wurde die Aegidienkirche zerstört, ihre Ruine ist heute ein Mahnmal gegen den Krieg.

Ort Aegidienkirchhof 1, 30159 Hannover **GPS** 52.369325, 9.738946
Anfahrt Mit den Linien 3 und 7 Wettbergen und 9 Empelde bis Haltestelle Markthalle/Landtag. Weiter zu Fuß über die Breite Straße zur Straße Aegidienkirchhof

Im Kirchenschiff finden auch heute noch Gottesdienste statt.

↑ In Jahren erbaut, in einer einzigen Nacht zerstört.
↗ Die Friedensglocke aus Hiroshima am Glockenturm.

DER PREIS FÜR HITLERS KRIEG Mit zunehmender Dauer des Krieges mussten auch deutsche Städte unter Bombenabgriffen leiden. Wer kennt nicht die verheerenden Verwüstungen in Hamburg, Dresden oder Nürnberg? All diese Städte teilen sich das Schicksal, dass sie im Zweiten Weltkrieg fast vollständig zerstört wurden. Unwiederbringlich gingen prachtvolle, uralte Gebäude und Kulturgüter in Flammen auf, versanken in Schutt und Trümmern. Sie zahlten den Preis für Hitlers Krieg. Kommen wir zu Hannover. Es war die Nacht des 9. Oktober 1943 um kurz vor 1 Uhr. Die Luftschutzsirenen rissen die Menschen aus dem Schlaf. Luftalarm. Eiligst machten sich die Leute auf den Weg zu ihren Bunkern oder in die Keller. Bald darauf dröhnten Motoren, Flugabwehrkanonen bellten und Leuchtspurmunition raste dem feindlichen Bombergeschwader entgegen. Doch es half nichts, nur wenige Bomber wurden abgeschossen. Als Erstes fielen rot, weiß und grün leuchtende Zielmarkierer, dann warfen die Flugzeuge ihre todbringende Last ab. Explosionen erschütterten die Stadt, Brände flammten auf. Überall im Stadtzentrum und in der Südstadt. Als gegen 1:45 Uhr die Sirenen mit ihrem Kammerton »a« Entwarnung gaben, hatten 540 Maschinen der Royal Airforce mit 258.000 Stabbrandbomben und Phosphorbomben sowie 3.000 Sprengbomben Tod und Vernichtung hinterlassen. 1.245 Menschen verloren in dieser Nacht ihr Leben, 250.000 Menschen wurden obdachlos. 4.000 Gebäude vollständig zerstört. Eine Fläche von zehn Quadratkilometern war unbewohnbar. Es war der schwerste Angriff, den Hannover im Zweiten Weltkrieg erlebt hat.

DAS MAHNMAL SEIT 1954 Riesige Schuttberge erhoben sich dort, wo einst Wohnhäuser standen. Die Gerippe ausgebrannter Ruinen, meist ältere massiver gebauter Gebäude, ragten hie und da in die Höhe. Das Leineschloss war sogar noch gut erhalten – von

↑ Die Giebel zeichnen bei einem bestimmten Sonnenstand ihr Bild auf den Schattenriss.
↗ An den Wänden ranken Wein und Efeu bis an manche Jochgiebel.

außen, innen hatten die Flammen nichts mehr übrig gelassen. Kirchen, Kaufhäuser, der Hauptbahnhof, alles war zerstört. Für den Wiederaufbau sollten Jahre vergehen und es wurden grauenhafte Bausünden geplant. Die Leineinsel versank unter dem Asphalt einer sechsspurigen Straße. In der Schmiedestraße wurde das erste Parkhaus gebaut. Da es das älteste der Stadt ist, wurde es unter Denkmalschutz gestellt. Irgendwann war alles wieder aufgebaut, nur ein paar Ruinen standen noch herum. Die Nikolaikapelle und die Aegidienkirche sollten als Mahnmale gegen den Krieg erhalten werden. Die Aegidienkirche, 1347 erbaut und dem heiligen Ägidius geweiht, war eine aus Sandstein bestehende dreischiffige gotische Hallenkirche mit Chor und Langhaus. Heute hat das Bauwerk kein Dach mehr und auf dem Turmstumpf wurde eine 15-Meter-hohe Stahlkonstruktion installiert.

LICHT UND SCHATTEN An den Mauern sind heute keine Brandspuren mehr zu sehen, dafür ranken Wein und Efeu an ihnen. Auf dem Boden ist eine Zick-Zack-Linie aus weißen Pflastersteinen verlegt. Sie zeichnet bei einer bestimmten Sonneneinstrahlung den Schatten der spitzen Jochgiebel ab. Es ist ein Werk der bildenden Künstlerin Dorothee von Windheim aus dem Jahr 1993. Der Bildhauer Kurt Lehmann (1905–2000) hat Hannover zahlreiche Skulpturen und Reliefs hinterlassen. Die aus Muschelkalk bestehende Plastik »Demut« steht in der Kirche. Am Turm ist die Friedensglocke befestigt, jeder kann sie läuten. Sie ist ein Geschenk der Stadt Hiroshima, mit der Hannover seit 1983 eine Städtepartnerschaft unterhält. Es gibt eine weitere Glocke, die identisch ist. Sie hängt im Friedenspark in der japanischen Stadt. Beide Glocken werden jedes Jahr zeitgleich am 6. August angeschlagen. An diesem Tag im Jahr 1945 explodierte um 8:15 Uhr über Hiroshima die erste gegen eine Stadt und ihre Bevölkerung eingesetzte Atombombe. In der Stahlkonstruktion auf dem Turm ist ein Glockenspiel untergebracht, das täglich um 9:05, 12:05, 15:05 und 18:05 Uhr spielt. Jeden Monat erklingen dabei drei bis vier verschiedene Lieder, kirchliche und weltliche. Von »Erhalt uns Herr, bei deinem Wort« über »Weißt du, wie viel Sternlein stehen?« bis »Die Gedanken sind frei« ist das Repertoire breit gefächert. Das Glockenspiel ist programmiert und spielt automatisch. In den Computer eingespielt werden die Stücke über ein handelsübliches Keyboard.

DIE AUSSENWÄNDE zieren mehrere Reliefs. Eines davon, es ist nicht das Original, erzählt die Legende der sieben Spartaner. Das Bildnis wird der Siebenmännerstein genannt. Im Inneren finden Veranstaltungen statt, Konzerte oder Kunstausstellungen und Gedenkveranstaltungen.

Das besondere Erlebnis

Ob man beim Vietnamesen einen Rindfleischsalat bestellt oder sich beim Italiener ein belegtes Brötchen mit Spianata (Salami mit verschiedenen Schärfegraden, von mild bis extrascharf) holt, ein Besuch der nahe gelegenen Markthalle lohnt sich immer. An den Ständen kann man Käse, Fisch, Weine oder Früchte und vieles mehr erstehen. Da ist für jeden etwas dabei.

Der Blick von außen ins Innere der Aegidienkirche wandert durch das fehlende Dach.

2015: Die Gaststätte soll nun entkernt werden, die Fassade erhalten bleiben.

4

DES KÖNIGS PECH, DES BAUERN GLÜCK

Die Geschichte eines Aussiedlerhofs am Rande Hannovers

Das ist die Geschichte eines Aussiedlerhofes, der es bis zum Gourmettempel mit Michelin Stern brachte.

Ort Hildesheimer Straße 230, 30519 Hannover **GPS** 52.341383, 9.765627
Anfahrt Linien 1 Sarstedt, 2 Rheden, 8 Messe/Nord bis Haltestelle Fiedelerstraße

DIE HILDESHEIMER STRASSE Am Aegidientorplatz beginnt die Hildesheimer Straße, bis sie nach etwa 18 Kilometern zwischen Gleidingen und Heisede in die Gleidinger Straße übergeht. Der Döhrener Turm, der heute vom Autoverkehr umrauscht wird, war einst einer von mehreren Warttürmen. Diese Türme waren für die Vorfeldverteidigung zuständig und hatten auch andere Zwecke: Sie dienten als Zollstation und Grenzposten. Oftmals gab es dort ein Wirtshaus. Die Hildesheimer Straße war schon lange vor 1886 eine wichtige Handelsverbindung von Hannover in den Süden. Allerdings war sie nicht vierspurig ausgebaut. 1886 wurden solch breite Wege nicht gebraucht. In diesem Jahr wurde nämlich erst das moderne Automobil erfunden, das Motordreirad »Benz Patent-Motorwagen Nummer 1«. Im Gegensatz zu heute gab es auch keine Staus auf dieser Ausfallstraße. Und es gab noch viel mehr nicht. Löschen Sie alle Gebäude aus Ihrem Gedächtnis, die Elektromärkte, Dönerbuden, Fitnessläden, die Straßenbahn ... einfach alles.

DES KÖNIGS UNFALL Was gab es dann? Das Gebiet lag außerhalb der Stadt. Es gab einen Aussiedlerhof, wahrscheinlich mehrere sogar, und Felder, Wiesen, Wälder und die Handelsstraße nach Hildesheim. Die führte durch das Dorf Döhren. Der Tag ist nicht überliefert und was den preußischen König Wilhelm I. umtrieb, 1886 ausgerechnet diese Straße zu nehmen, ebenfalls nicht. Sicher ist es, dass er sie in seiner nichtmotorisierten Pferdekutsche nahm und dabei – 700 Meter, nachdem er den Döhrener Turm passiert hatte – einen Achsbruch erlitt. So eine Panne war schon immer sehr unangenehm, hieß es, zu warten, bis das Gefährt wieder repariert war. Doch Rettung nahte. Ein Bauer namens Julius Wichmann eilte zur havarierten Kutsche, um dem Adligen beizustehen. Er setzte sie instand, während seine Frau etwas zum Essen kochte. Der Regent wurde eingeladen und der zeigte sich wahrscheinlich recht beeindruckt von der Güte des Mahls. Also lassen Sie uns ein wenig fabulieren.

DIE FORSCHE BÄUERIN König: »Ach war das lecker, in unserem Schloss bekommen wir immer nur die erlesensten Speisen. Deine Hausmannskost ist sicher gut auch bei Gicht.« Frau Wichmann: »Davon Majestät, davon bin ich überzeugt.« König: »Was kann ich euch denn Gutes tun? Wir wollen uns dankbar erweisen.« Herr Wichmann: »Vielleicht erteilt uns Eure Majestät das Schankrecht, sodass wir hier ein Gasthaus etablieren können? Vielleicht möchte Eure Majestät dann öfter unser Gast sein?« Frau Wichmann: »Und, wenn es nicht zu viel verlangt sei, ich würde gerne meinem Mann zur Seite stehen und kochen und auch bedienen. Äh, Eure Majestät.« Zu dieser Zeit war es strikt verboten, weil ungebührlich, dass eine Frau in einer Wirtschaft arbeitete oder gar bediente. Der König strich sich über den Bauch, ließ sich Tinte, Papier und Feder bringen und segnete alle Wünsche ab. Sicherlich hat er niemals einen Gedanken daran verschwendet, dass dieses Wirtshaus bis in das Jahr 2015 bestehen würde. Natürlich mit wechselnden Besitzern. Bis zum Ende trug es aber noch den Namen Gasthaus Fritz Wichmann. Fritz hatte es von seinem Vater Julius übernommen.

2022: Außer diesen Lampen ist nichts mehr übrig, das Gebäude abgerissen.

Doch auch diese Lampen wurden bereits abtransportiert. Nichts mehr ist übrig.

HIGHLIGHTS UND LOWLIGHTS Keineswegs wird er einen Gedanken daran vergeudet haben, welche Gäste dieses Wirtshaus später beherbergen würde. So kehrten beispielsweise Chris de Burgh oder die Scorpions ein, immer nach ihren Konzerten in der Landeshauptstadt. Jeder Nachkriegs-Ministerpräsident Niedersachsens hat seine Gäste in das Gasthaus eingeladen (außer Stephan Weil und wahrscheinlich David McAllister). Auch Gerhard Schröder, der hier seinem Kumpel, den Präsidenten der Russischen Föderation und späteren Kriegsverbrecher Putin, im Gasthaus Fritz Wichmann einen ausgegeben hat. Ob der je darüber nachdenkt, dass er in Hannover sehr gut gegessen hat, wenn er mit seinen Atomraketen droht? Zudem waren Größen aus Film und Fernsehen zu Gast. Die Fotos dieser Berühmtheiten hingen alle an einer Promiwand. Kein Wunder, 1976 wurde hier der erste Michelin-Stern in Hannover erkocht. Beliebt war auch die vollkommen analoge Holzkegelbahn, die gänzlich ohne Technik auskam. Die Kegel mussten per Hand aufgestellt werden und anstatt einer digitalen Anzeige gab es Metallziffern, mit denen der Spielstand dokumentiert wurde.

DER VERFALL Ich treffe ihn zufällig, als ich Bilder vom Haus machen will beziehungsweise von dessen Fassade. Es ist ein Schreck, als ich vor dem ehemaligen Gebäude parke und nichts mehr vorfinde. Nur ein paar alte Lampen gibt es noch zu sehen, die stehen auf dem Gelände. »Na, machen Sie schöne Bilder?«, fragte mich jemand. »Leider gibt es nicht mehr so viel zu sehen«, antworte ich. Er stellt sich als Gerd Weick vor, der letzte langjährige Betreiber des Gasthauses Fritz Wichmann. »Das Haus wurde gestern abgerissen«, sagt er wehmütig. »Es war nicht mehr zu retten.« Weick erzählt vom langsamen Verfall des Gasthauses, dessen Sanierung sich nicht mehr lohnte. »Die sind daran schuld.« Weick deutet auf das Nachbarhaus zur Rechten. »Die haben illegal angebaut, dem fielen viele Parkplätze zum Opfer.« Und dann stürzte auch noch ein Kran um. Es war Glück, dass weder Menschen noch die Gaststätte Schaden nahmen. »Die Besucherzahlen sind stark zurückgegangen. 2015 musste ich aufgeben.« Seitdem verfiel das Bauwerk zusehends. Löcher im Dach, Nässe und Schimmel taten ihr Übriges. Der Investor Paul Morzynski, selbst jahrzehntelang Gast, kaufte schließlich die Immobilie und es wurden Pläne entwickelt, die einen Neubau betrafen. Dabei sollte die alte Fassade erhalten bleiben. Doch es gab Widerstand. Der Besitzer des Nachbargrundstückes verweigerte seine Zustimmung, der Döhrener Bezirksrat verbot den Abriss, das Bauamt verzögerte das Bauvorhaben durch Nichtbearbeitung. Paul Morzynski will es aber nach den alten Fotografien wieder so aufbauen, wie es war. Erfahrung hat er, denn er hat 2013 zum Beispiel das Grandhotel Heiligendamm gekauft. 2007 wurde dort mit Kanzlerin Merkel als Gastgeberin ein G8-Gipfel abgehalten. Er ist auch im Besitz der Dokumente, Fotografien und Schreiben Prominenter, unterhält damit ein nicht öffentliches Museum. Gerd Weick verspricht mir, dass er sich bei mir melden wird, um mich mit Informationsmaterial und Fotos zu versorgen. Leider hat er das nicht getan. Morzynski hat auf meine Schreiben nicht reagiert.

Das besondere Erlebnis

Die Konditorei Hannover mundus-Fine Art Bakery in der Völgerstraße 8a begeistert ihre Kunden mit aufwendig gestalteten und hochwertigen Torten und Gebäck. Ob Herztorte mit Pfirsichcreme, Hochzeitstorten oder Macarons, alle sind sie kleine und große Kunstwerke.

5

ALLE SIND HINÜBER

Der Park der Freimaurer im Hinüberschen Garten

Im Park sind Urnen verteilt Und da wäre noch ein Wäldchen am Rand des Parks, mit dem mysteriösen Namen Quantelholz. Dort steht auch ein Denkmal für ein Mädchen, das hier starb. Was hat es damit auf sich?

Ort Garbsener Landstraße, 30419 Hannover **GPS** 52.409641, 9.631257
Anfahrt Ab Kröpcke mit Linie 4 Garbsen bis Haltestelle Friedhof Marienwerder.

Zum Wandern ist viel Platz, und dabei können einige Seltsamkeiten entdeckt werden.

↑ Der Nachbau einer Turmruine, die nie existiert hat: der Hexenturm.
↗ Verwittertes Relief am Hexenturm, einem Aussichtsturm ohne Aussicht.

IMMER DIESE DIEBE Gleich vorweg, Anton von Hinüber ist gestorben. Und zwar bereits am 15. Januar 1784. Ein paar Jahre zuvor schuf er einen Garten mit den damals modernsten Methoden der Landwirtschaft. Allerdings gab es schon jede Menge Parks in und um Hannover herum. Also sollte seiner etwas Besonderes werden. Auf keinen Fall durfte es eine 0815-Grünanlage werden. Eine Anlage, wie man sie hierzulande damals noch nicht gesehen hat. Nach einigem Überlegen und einer Reise nach England schuf er schließlich ein späteres touristisches Highlight, das sich im 19. Jahrhundert größter Beliebtheit erfreute: einen Englischen Garten. Es war einer der ersten dieser Art im Deutschen Reich. Da von Hinüber Mitglied in einem ethnischen Bund freier Menschen (in diesem Fall nur Männer) war, ließ er auch ein paar Einflüsse dieser Freimaurerei in die Gestaltung einfließen. Da er nebenher Probst des Klosters zu Marienwerder war, entstand der Garten in direkter Nachbarschaft dieser Einrichtung. Um 1850 kamen viele Leute aus nah und fern, die es sich leisten konnten, und manch einer wollte sich ein kleines oder großes Souvenir mit nach Hause nehmen. Es lagen ja genügend Deko-Elemente herum. Warum also dafür zahlen? Auch die gärtnerische Pflege ließ zu wünschen übrig, sodass der Park zunehmend verwilderte und so seine Attraktivität schnell wieder verlor.

DIE RENAISSANCE 1966 fand die Stadt Hannover, dass es so nicht weitergehen könne. Man legte ein paar Wege an, schnitt Büsche zurück, aber mit der Hinüberschen Parkanlage von damals hatte das nicht viel gemeinsam. 1995, als Teil des EXPO-Pro-

Gedenktafel für Jobst Anton von Hinüber, aufgezählt werden auch seine Dienstposten.

jekts »Stadt im Garten«, wurde der Park so hergerichtet, wie man ihn heute kennt. Und das ist – um es so zu sagen – ziemlich spooky gelungen. Da wäre erst einmal der Hexenturm zu nennen. In dem war niemals eine der Zauberei beschuldigte Person eingesperrt. Es handelt sich bei diesem Bauwerk um eine künstlich angelegte Ruine, die als Aussichtsturm dienen sollte, aber nicht mehr kann. Denn der Turm steht auf einem Hügel mitten im Wald. Man kann ihn besteigen, doch man sieht im Sommer eigentlich nur die Blätter der ihn umgebenen Bäume. Hinüber hat sich beim Bau durch den Cranbourne Tower im Windsor Great Park inspirieren lassen. Bis man jedoch zum Turm kommt, führt der Weg an einigen seltsamen Denkmalen vorbei. An Urnen, um genau zu sein. Ebenso ist ein Druidenaltar zu finden, ein toter Eichenstamm, vor dem drei große Steine liegen, die sogenannten »Rauhen Steine«. Die stehen bei den Freimaurern sinnbildlich für den Menschen, wie er ist, solange er nicht beginnt, an sich zu arbeiten. Doch kommen wir zu den Urnen, es gibt jeweils eine für Gerlach Adolph Freiherr von Münchhausen (das war nicht der Lügenbaron), Gerhard von Hinüber, Julius Melchior Strube und für Burchard Christian von Beer. Die waren alle Freimaurer. Hinüber hat selbst das größte Ehrenmal bekommen, seine Urne steht auf einer Säule, die von einem kreisrunden Eichenhain umgeben ist. »Otto Friedrich Gerhard von Hinüber stiften dies Denkmal, seine um ihn tief trauernde Witwe und Kinder. Er war geboren am 22. November 1752 und starb am 27. May 1815«, steht darauf. Mit den anderen Männern hatte von Hinüber mal mehr oder weniger zu tun. Münchhausen war zum Beispiel lange Zeit hannöverscher Minister und Kurator der Universität Göttingen. Von Hinüber war einer seiner ersten Studenten und später verband die beiden eine tiefe Freundschaft. Mit Strube war er nur entfernt verschwägert. In den Urnen ist übrigens keine Asche der Verstorbenen enthalten. Weiterhin steht an der Stelle, an der sie ihr Leben bei einem Reitunfall aushauchte, ein Denkmal für Cecilie von Issendorff. Sie wurde gerade mal 19 Jahre alt und war eine Nichte von Gerhard von Hinüber, dem Sohn des Propsts. »Welkest du liebliche Blume, zu zart für die Stürme der Erde. Ach so früh' dich nahm, der dich uns schenkte zurück. Doch uns lebt dein heiliges Bild im sehnenden Herzen, bis wir in Edens Flur, himmlisch erblühend dich schaun.« Das ist die Inschrift, die man auf dem Denkmal lesen kann. Klingt ein wenig nach Rosamunde Pilcher. Recht hübsch ist ein Ententeich, darin eine künstlich angelegte Blumeninsel.

DIE KÖNIGSEICHE ist ein junges Bäumchen, das am Rand des Quantelholzes, einem Wäldchen, steht. Viel zu klein, als dass selbst der letzte König von Hannover etwas mit ihr zu tun haben könnte. Doch natürlich gibt es eine Geschichte dazu. Die Hofrätin Sophie

Juliane von Hinüber stritt sich mit der Klosterkammer über die Eigentumsverhältnisse des Waldes, insbesondere des Holzrechts. König Ernst August I. (der vorletzte König von Hannover) verbot schließlich das Fällen einer Eiche am Rand. Seitdem wurde der Baum Königseiche genannt. Allerdings nicht allzu lange, denn er fiel kurz darauf einem Sturm zum Opfer. Sie wurde für das Expo-Projekt neu gepflanzt. Falls sich jemand fragt, was ein (oder eine?) Quantel ist, das ist die örtliche Bezeichnung für eine Stockente. Und von denen schwimmen und watscheln dank der direkt hinter dem Park vorbeifließenden Leine jede Menge herum. Dann ist da noch der Tempel der Humanität, den es nicht mehr gibt. Er stand in der Nähe einer Brücke über einen Wasserlauf. Das Element Wasser markiert nach freimaurerischer Deutung die zweite Station des Lehrlings auf dem symbolischen Weg zum Meister. Wer nicht genug von Freimaurersprüchen bekommen kann, der findet überall im Garten welche. Der Park ist eindrucksvoll mit seinem alten Baumbestand, an manchen Stellen beschleicht einen aber schon ein seltsames Gefühl.

Das besondere Erlebnis

Erst im Sommer 2021 neu eröffnet, erfreut sich das Waldrestaurant Waldkauz an der Garbsener Landstraße großer Beliebtheit. Wer bei dem Namen allerdings deutsche Hausmannskost erwartet, wird enttäuscht. Der Wirt kommt aus der Türkei, er und sein Personal bieten gehobenes türkisches Essen an, das mit einer Dönertasche nicht zu vergleichen ist.

Eine von mehreren Urnen für die Freimaurer, die meist auf kleinen Erdhügeln stehen.

Inschrift für die früh verstorbene Anna Margarethe Borcherding, Opfer des Schlankheitswahns

6

DIE GESCHNÜRTE UND DER LANGE

Ein Besuch auf dem Neustädter Friedhof

Was hat ein 2,48-Meter großer Hüne mit der Tochter eines Tierarztes zu tun, die an Unterernährung starb? An beide erinnern zwei Grabsteine, die sich auf dem ehemaligen Neustädter Friedhof Auge in Auge gegenüberstehen.

Ort Brühlstraße/Otto-Brenner-Straße, 30169 Hannover **GPS** 52.376930, 9.725460
Anfahrt Ab Kröpcke: Linie 4 Garbsen bis Haltestelle Königsworther Platz

SCHÖNHEIT IN FRÜHEREN ZEITEN Wer heute über weibliche Schönheitsideale nachdenkt, dem können viele Begriffe durch den Kopf gehen. Vielleicht Model oder Bulimie und Anorexia nervosa (Magersucht). Spontan wird sicher nicht das frühe 18. Jahrhundert in den Gedanken auftauchen. Doch auch in dieser, wie in allen Zeiten, gab es Idealbilder. Weiße Haut, je heller, desto besser ist eines davon. Das war nicht unbedingt gesund, besonders wenn die Damen damals statt Puder Bleiweiß verwendet haben. Ein weiteres Ideal war die Schlankheit, je schlanker sich die Frauen zeigen wollten, umso enger schnürten sie ihre Korsette. Das nahm teilweise extreme Ausmaße an, wie ein Grabstein auf dem Neustädter Friedhof dokumentiert. Dort wurde 1816 Anna Margareta Borccherding, die Tochter des Pferdearztes Johann Albrecht Borcherding, zu Grabe getragen. Der Stein zeigt die junge Frau überlebensgroß im Halbrelief. Auffällig ist sofort die Wespentaille, ein Begriff, der übrigens bereits im Mittelalter verwendet wurde.

GESUND WAR DAS NICHT Der Arzt Carl Henning (1860–1917) schrieb dazu: »Der Kampf der Mediziner gegen die Wespentaillen der Frauenwelt hat nun schon zwei Jahrhunderte gedauert, bis jetzt aber noch nicht vermocht, diese Unsitte für immer zu verbannen. Das Einzwängen unerwachsener Mädchen in die gewöhnlichen Schnürbrüste ist in der That unverantwortlich. Dadurch wird nicht nur die für die Entwickelung des ganzen Körpers so notwendige freie kindliche Bewegung gehemmt, sondern es verkümmern auch durch den Druck und die Verschiebung die edelsten inneren Brust- und Unterleibsorgane, die blutbildende

↓ Hatten diese beiden Menschen eine Gemeinsamkeit?
↘ Licht- und Schattenspiele auf dem Neustädter Friedhof.

Deutlich zu erkennen: die Wespentaille der Anna Margareta Borcherding

Leber, die Milz, die Nieren (Wanderniere!), ehe sie die Stufe vollendeter Ausbildung erreicht haben.« Auch erkannten er und andere Mediziner Gefahren wie Unfruchtbarkeit und plötzliche Todesfälle. Anna Margareta gehörte zu den Mädchen, auf die diese Aussagen zutrafen. Auf ihrem Grabmal steht zur Warnung für alle anderen Frauen ein Gedicht: »Wer wohl in unserer Leinestadt die allerschönste Taille hat? Es ist ein Mädchen, blond von Haar, sie liegt jetzt auf der Totenbahr. Warum? Das diene dir zur Lehr: Sie schnürte das Korsett zu sehr!« Anna Margareta wurde nur 15 Jahre alt.

DIE BEIDEN GRABSTEINE Doch kommen wir zum Grabstein direkt gegenüber dem von Anna Margaretas. Er ist ähnlicher Machart. Auf ihm ist kein Halbrelief eingehauen, sondern ein Bild eingraviert. Es ist das Bildnis eines Mannes, der nicht überlebensgroß dargestellt ist, aber dennoch wie ein Riese wirkt. Und genau das war er auch. Auf der Inschrift steht, dass er 4 Ellen und 6 Zoll groß gewesen sein soll. Das ist eine Körperlänge, bei der nicht mehr alle Türen ohne Bücken durchschritten werden können. Genau genommen konnte er vielleicht ein Kirchenportal oder ein Tor durchlaufen, ohne in die Knie gehen zu müssen oder sich nach vorne zu beugen. Nach heutigem Längenmaß entspricht seine Körpergröße 2,48 Metern. Damit hält er einen Rekord inne: Nie – weder davor noch danach – gab es einen größeren Hannoveraner. Sein Name war Christoff Münster. Doch warum steht er Auge in Auge gegenüber dem Grabmal von Anna Margareta Borcherding? Waren die beiden etwa ein Liebespaar? Das ist unmöglich, denn Münster starb 25 Jahre vor Anna Margaretas Geburt. Der Neustädter Friedhof wurde 1876 geschlossen und ist seitdem ein öffentlicher Park.

Das besondere Erlebnis

Auf dem Friedhof sind 2 sogenannte Türkengräber zu finden, in denen Hammet und Hassan begraben sind. Waren es die ersten Gastarbeiter? Gestorben sind beide 1691. Warum? Woran? Finden Sie es selbst heraus. Auch diese Geschichte ist spannend!

Nicht ganz so deutlich zu erkennen, aber zu lesen: stattliche 2,48 Meter maß dieser Mann.

7

DAS PROTOKOLL DES GRAUENS

Der Fall des Serienmörders Fritz Haarmann

Es waren zwei Zufälle, die dazu geführt haben, dass ein Serienmörder Hannovers der bis dahin uninteressierten Polizei ins Netz ging. Noch heute ist dieser Mann unter den Top 10 der Serienmörder Deutschlands zu finden. Und zwar ziemlich weit oben.

Ort Rote Reihe 8, 30169 Hannover **GPS** 52.371131, 9.727984 **Anfahrt** Linie 10 Ahlem bis Goetheplatz, dann zu Fuß über den Platz der Basilika in die Rote Reihe

Fritz Haarmann (zweiter von links) mit zwei Kriminalbeamten im Juli 1924

DAS VERHÖR Genannt wurde er Schlächter, Vampir, Kannibale oder Werwolf von Hannover. Mit richtigem Namen hieß er Friedrich (Fritz) Heinrich Karl Haarmann. Wer etwas über einen der schlimmsten Serienmörder in der Geschichte Deutschlands erfahren will, dem sei ein Spielfilm von 1995 unbedingt empfohlen. »Der Totmacher« ist der Titel dieses Films, bei dem es um seine Befragung durch den Psychiater Ernst Schulze geht. Der soll die Schuldfähigkeit des 24-fachen Mörders beweisen. Es gibt nur einen Drehort, einen fast leeren Raum, keine Musik und meist nur drei Schauspieler, Götz George, Jürgen Hentsch und Pierre Franckh als Stenograf. »Der Zuschauer schwankt im Verlauf der Gespräche zwischen Mörder und Gutachter, Abscheu und Faszination. Der Film ist als ungemein dichtes Kammerspiel inszeniert, das nicht auf Emotionalisierung angelegt ist, sondern als nüchterne Fallstudie. Der glänzende Hauptdarsteller vermittelt in der Rolle des Haarmann das eigentlich Unfassliche«, rezensierte das Lexikon des internationalen Films. »George nuschelt, heult, schreit und lacht hysterisch. Wirft irre Blicke in die Runde. Die naive Art, mit der er die Fragen des Psychiaters beantwortet. Als wisse er nicht, dass sein Leben auf dem Spiel steht.« Eine schauspielerische Meisterleistung! Gedreht wurde der Film nach den Original-Verhörprotokollen.

DER AUFSTIEG ZUM MÖRDER Haarmann wurde 1879 in Hannover geboren. Seine Mutter verwöhnte ihn, dagegen war der Vater autoritär. Vom großen Bruder wurde er jahrelang sexuell missbraucht. Ein Stiefbruder starb unter rätselhaften Umständen. Nach der Schule ging er bei einem Schlosser in die Lehre, um sich dann in einer Unteroffiziersschule des Heeres zu bewerben. Dort trat das erste Mal seine Erkrankung auf, er halluzinierte. Deshalb quittierte er den

Exakte Rekonstruktion des Zimmers des Massenmörders Fritz Haarmann mit den originalen Einrichtungsgegenständen (1926).

Dienst. Die Armee ließ ihn gern ziehen, denn den Vorgesetzten war aufgefallen, dass Haarmann einen schlechten Charakter hatte und etwas mit ihm nicht stimmte. Unfähig zu arbeiten, ließ er sich auf eine Beziehung mit einer Nachbarin ein und verging sich zum ersten Mal an einem Knaben. Haarmann wurde angezeigt und verhaftet. Doch die Anklage wurde fallen gelassen, denn ein psychiatrisches Gutachten bescheinigte ihm »unheilbaren Schwachsinn«. Diese Diagnose wurde in der »Irrenanstalt« in Hildesheim, die damals im ehemaligen Klostergelände Sülte untergebracht war, gestellt. Haarmann gelang es mehrmals, zu entweichen. Jedes Mal wurde er wieder eingefangen und zurückgebracht. Seine letzte Flucht führte ihn in die Schweiz. Dort lebte er bis 1899 und kehrte dann nach Hannover zurück. Ein Jahr später wurde er vom Militär eingezogen, bald aber wegen Schizophrenie entlassen. Wiederum zu Hause, eröffnete er einen Fischladen und zog in eine Mansardenwohnung in der Straße Rote Reihe. Da sein Laden schnell pleiteging, wurde er zum Kleinkriminellen. Einbrüche, Hehlereien und Diebstähle führten zu 17 Verhaftungen bis 1918. Dennoch arbeitete er für die Polizei,

Hier in der Roten Reihe 2 lebte und mordete Haarmann. Das Originalhaus existiert nicht mehr.

von der er sogar einen Ausweis bekam (andere Quellen sagen aus, dass er in einer Detektei gearbeitet und sich selbst einen amtlich aussehenden Detektiv-Ausweis ausgestellt habe). Haarmanns Aufgabe: Hehler zu gesetzeswidrigem Handeln zu überreden, um diese verhaften zu können.

NACH DEM WELTKRIEG 1918 wurde Hannover zu einem Drehkreuz für Bahnfahrende. Hier kamen Soldaten an, traumatisiert und häufig gewaltbereit. Obdachlose und Arbeitslose belagerten die Bahnhofshalle. Zu ihnen gesellten sich ausgerissene und elternlose Kinder und Prostituierte beiderlei Geschlechts. 1919 lernte Haarmann den 22 Jahre jüngeren Hans Grans kennen. Die beiden verliebten sich und zogen zusammen. Grans wurde als sehr charismatisch beschrieben und und er lockte am Bahnhof in Not lebende junge Männer in die gemeinsame Wohnung, in der Haarmann ihnen dann gegen sexuelle Gefälligkeiten für eine oder mehrere Nächte Unterschlupf anbot.

MORDEN IM RAUSCH Wann Haarmann seinen ersten Mord begangen hat, ist nicht bekannt. Vermutlich war es der 17-jährige Friedel Rothe, der im September 1918 spurlos verschwand. Zeugen sagten aus, dass Friedel in einem Café einen netten Polizeibeamten getroffen hätte. Ab diesem Jahr wurden bei der Polizei vermehrt Vermisstenanzeigen aufgegeben. Sicher ist es jedoch, dass mindestens 23 Menschen, die er als Puppenjungs bezeichnete, ihr Leben in Haarmanns Dachgeschosswohnung verloren haben. Die Tötungen verliefen oft nach einem Muster: Haarmann steigerte sich dermaßen in das Liebesspiel, dass er den Opfern im Liebesrausch die Adamsäpfel durchbiss. Nach dem Morden schlief er oftmals vor Erschöpfung ein. Danach sezierte er die Leichen, entfernte die Innereien und löste das Fleisch von den Knochen. Die Schädel zertrümmerte er und brachte die Überreste in Säcken und Paketen zur Leine oder in die Eilenriede. Bei den Nachbarn ging das Gerücht um, dass Haarmann seine Besucher an die Fremdenlegion verkauft hätte. Oft sahen sie, dass junge Leute ins Haus kamen, aber nie, dass einer es wieder verließ. Es ist unwahrscheinlich, dass sie nichts von den Morden gewusst haben. Eher ist es möglich, dass sie davon profitiert haben, vielleicht durch Bestechung in Form von Kleidung und Nahrungsmitteln.

VERHAFTUNG, GERICHTSVERHANDLUNG UND HINRICHTUNG Im Frühjahr 1924 fanden Kinder in der Leine einen Schädel. Die Polizei startete eine Suchaktion und fand 500 Leichenteile, die zu 22 Menschen gehörten. Zwar wurde Haarmann als Verdächtiger verhaftet, doch bei der Durchsuchung seiner Wohnung wurde nichts gefunden. Er wurde freigelassen und das Morden ging weiter. Damit er sich das Leben finanzieren konnte, handelte er mit Fleisch und Altkleidern. Der Handel mit Fleisch ließ nach seiner Verhaftung und Hinrichtung böse Vermutungen aufflammen. Könnte es das Fleisch seiner Opfer gewesen sein? Man hatte doch in seiner Wohnung einen Fleischwolf gefunden. Haarmann bestritt in seiner Verhandlung vehement, dass er mit Menschenfleisch gehandelt habe; ob er die Wahrheit sprach, wurde nie geklärt. Am 28. Juni 1924 verkaufte er die Textilien eines Opfers am Bahnhof. Der Zufall wollte es, dass genau in dem Augenblick die Mutter des vermissten jungen Mannes auf Verkäufer und Käufer traf und die Kleidung erkannte. Haarmann wurde erneut verhaftet, seine Wohnung durchsucht. Dieses Mal fand die Polizei Kleidung in der Mansarde. Auch Grans, von dem sich Haarmann in der Zwischenzeit getrennt hatte, geriet unter Verdacht. Und noch ein Zufall. Die Polizei rief die Bevölkerung auf, die Kleidungsstücke zu identifizieren. Während Grans auf seine Vernehmung wartete, kam eine Frau aufs Revier. Wieder war es eine Mutter, die ihren Sohn vermisste. Grans trug dessen Anzug, doch er konnte eine Quittung vorlegen, die bewies, dass Haarmann ihm die Sachen verkauft hatte. Der Mörder war zuerst im Gefängnis der Polizeidirektion untergebracht, wo die Befragung durch den Psychiater Ernst Schulze stattfand. Schulze erklärt Haarmann für voll schuldfähig. Zur Verhandlung wurde er ins Gerichtsgefängnis verlegt, in dem Haarmann gefoltert wurde. Schlafentzug und Schläge während der Vernehmung waren das eine. In seine Zelle wurden überdies vier Schädel in die Ecken gestellt. Deren Augenhöhlen waren mit rotem Papier beklebt und innen brannten Kerzen. Dem Mörder wurde eingeredet, dass ihn so die Seelen der Toten holen würden. Haarmann wurde schuldig gesprochen und am 15. April 1925 durch das Beil gerichtet. Dabei wurde sein Wunsch ignoriert, öffentlich auf dem Klagesmarkt geköpft zu werden. Er genoss die Aufmerksamkeit beim Prozess und sagte selbst: »Wenn ich so gestorben wäre, dann wäre ich beerdigt worden und keiner hätte mich gekannt, so aber – Amerika, China, Japan und die Türkei – alles kennt mich.« Für Grans, der wegen Mittäterschaft zum Tode verurteilt werden sollte, fingierte Haarmann ein Schreiben an dessen Vater, das von der Hannoverschen Allgemeinen Zeitung veröffentlicht wurde. »Grans hatte überhaupt keine Ahnung, dass ich mordete, hat nie etwas gesehen«, schrieb er darin. »Ich hab ihn nur aus Rache belastet und bin in den Verhören dazu gezwungen worden.« Grans wurde 1926 wegen Mitwisserschaft zu zwölf Jahren Zuchthaus verurteilt.

Das besondere Erlebnis

Das Henkerbeil und ein Nachbau der Zelle sind im Polizeimuseum Niedersachsen in Nienburg/Weser zu besichtigen. Mehrmals im Jahr finden Führungen im Gefängnis der Polizeidirektion statt, hier kann auch Zelle 1 ausprobiert werden, denn die bewohnte Haarmann während der Untersuchungshaft.

Das vermutliche »Original-Hackebeil« im Museum

Der Schauplatz einer Sternstunde des Rocks:
Hier spielten Nirvana, als sie noch keiner kannte.

8

KEIN BADEVERGNÜGEN

Das HSV-Bad in Herrenhausen

Als Kurt Cobain einmal ziemlich müde und gereizt ins Freibad kam, sich verspielte und deswegen das Konzert von Nirvana abbrach.

Ort Am Großen Garten 60, 30167 Hannover **GPS** 52.385506, 9.689986
Anfahrt Ab Kröpcke Linie 4 Garbsen bis Haltestelle Herrenhäuser Markt. Zu Fuß über die Kiepertstraße/Dorotheenstraße bis Straße Am Großen Garten.

ABKÜRZUNGSVERWIRRUNG HSV steht ja bekanntlich für den Hamburger Sport-Verein, dessen Fangemeinde in Hannover etwa so klein ist, wie diejenige von Eintracht Braunschweig sein dürfte. Aber es gibt auch einen Hannoverschen Schwimmverein, der 1892 gegründet wurde. Dieser wird ebenfalls mit HSV abgekürzt und kümmert sich um Leistungssport ebenso wie um Freizeitsport im Wasser. Die ersten Jahre hielten im Verein die Männer alleine das Ruder in der Hand, dann wurde er auch Frauen zugänglich. Bei den Olympischen Spielen in Stockholm 1912 glänzten drei Vereinsmitglieder durch Medaillensiege. Paul Günther erhielt für seinen Sieg im Kunstspringen die Goldmedaille und Grete Rosenberg und Hermine Stindt errangen Silber in 4 x 100 Meter Freistil. 1938 eröffnete man sein eigenes Freibad mit Sprungturm. Den Krieg überstand das Bad einigermaßen unbeschadet, auch wenn viele der Mitglieder ihn nicht überlebten. Nach 82 Jahren lohnte eine Sanierung nicht mehr, auch gab es genug andere Bäder in der Stadt. 1980 wurden die Tore ein letztes Mal geschlossen, die Schlüssel später an einen anderen Verein übergeben. 1989 trat im Bad eine damals weitgehend unbekannte Band auf, die ein Konzert spielten, das als Sternstunde in der Geschichte der hannoverschen Rockmusik galt.

ALS NIRVANA DIE LUST VERLOREN Aus dem Freibad wurde danach das Musiktheater Bad. Man lud bekannte und weniger bekannte Bands und Künstler ein und viele kamen. Helge Schneider, Nirvana, Tito & Tarantula oder Nina Hagen zählten im Lauf der Jahre zu den Gästen, die auf der Freilichtbühne auftraten. Mit unterschiedlichem Erfolg. Den Katzenklo-Sänger wollten gerade mal sieben Zuschauer sehen. Für Nirvana interessierten sich auch nur etwa einhundert Leute. Die amerikanische Band war allerdings noch ein Stück vom Weltruhm entfernt und tourte zusammen mit ihrer Vorband in einem alten Kleinbus von FIAT durch Europa. Kurt Cobain, Krist Novoselic und der damalige Nirvana-Drummer Chad Channing waren müde und gereizt, als sie die Bühne erklommen. Dementsprechend verlief auch das Konzert. Mr. Moustache, ein Song aus dem Programm, wurde abgebrochen, da sich Kurt Cobain verspielte und nicht mehr in das Lied zurückfand und nach fünfzig Minuten war dann endgültig Schluss. Die Band verließ die Bühne und kehrte nicht zurück. Dennoch befand die Neue Presse, dass der Auftritt eine der Sternstunden am hannoverschen Rockhimmel war. Zwei Jahre nach die-

Ein Sprung von diesem Sprungturm ist nicht empfehlenswert: Wasser gibt es im Becken nur nach einem Regenguss.

ser Show zählte Nirvana zusammen mit Rocklegende Neil Young zu den Begründern des Grunge-Rocks und waren Weltstars. Ins Musiktheater kehrten sie nicht mehr zurück.

DAS ENDE Rammstein spielte hier, Skandalrapper Sido oder Fury in the Slaughterhouse. Doch das bereits geplante letzte Konzert mit dem Techno-DJ Sven Väth konnte nicht mehr stattfinden. »Mangelhafte Erfüllung von Brandschutz-, Standsicherheits- und Lärmschutzanforderungen« waren die Gründe. Auch das Musiktheater Bad war Geschichte. Bis 2019 wurde es noch als kulturelles Begegnungszentrum und multikultureller Veranstaltungsort genutzt, allerdings nur im Innenbereich. Nach und nach verfällt das alte HSV-Bad und Pflanzen überwuchern die Becken. Manchmal veranstaltet man hier noch Partys. Fremde sind da aber nicht willkommen.

Das besondere Erlebnis

Wer die Fontäne im Großen Garten kennt, weiß sicher, dass sie 82 Meter hoch spritzen kann. Vor 1969 waren es nur 67 Meter. Bis dahin wurde sie durch die Wasserkunst Herrenhausen gespeist. Das historische Pumpenhaus kann derzeit nur von außen besichtigt werden. Die Sanierung sollte 2021 abgeschlossen werden, zieht sich aber hin. Mitsamt der Schleusenanlage ist es ein technisches Denkmal, das recht hübsch ist. Adresse: Am Großen Garten, Hannover.

Seit 2019 findet im Kultur Pool keine Kultur mehr statt.

9

DIE BADEANSTALT DES KLEINEN MANNES

Bad Hannover am Limmerbrunnen

Ein übelriechender Fund füllte jahrelang verschiedene Kassen, brachte Arm und Reich aber nicht zusammen.

Ort Der Limmerbrunnen, 30453 Hannover **GPS** 52.375718, 9.680930
Anfahrt Linie 10 Ahlem bis Haltestelle Brunnenstraße, ab da zu Fuß über die Dieselstraße, Kanalbrücke und Sichelstraße bis Limmerbrunnen

Architektonisch von der Fachwelt hoch gelobt: die Villa Goedeckemeyer

Kurbetrieb im 19. Jahrhundert –
für Reiche und Arme strikt getrennt

EINE STINKENDE ENTDECKUNG Unzählige Leute tummeln sich am Ufer, einige sind sogar im Wasser oder paddeln mit ihren Booten umher. Ein junger Mann mit Klampfe in der Hand spielt ein paar Akkorde und summt eine Melodie dazu. Es stört ihn nicht, dass das Instrument total verstimmt ist. Es ist ein heißer Sonntagnachmittag am Stichkanal Hannover-Linden. Nur wenige Schritte weiter, vorbei an zwei schönen Villen, führt ein Weg zum Wäldchen Limmer Holz. 1779 floss hier noch kein Wasser, denn der Kanal wurde erst 1915 fertiggestellt. Dafür entdeckte ein Biologe eine Flüssigkeit, die in diesem Wald aus dem Boden kam. Und die stank zum Himmel. Friedrich Erhart hatte eine Schwefelquelle gefunden. Um genau zu sein, handelte es sich um kaltes erdig-salinisches Schwefelwasser. Da man schon damals die Heilwirkung solcher Quellen kannte, war eines klar: Hier musste ein Heilbad her.

EIN BASSIN FÜR DAS PROLETARIAT
1793 wurde ein gemauertes Becken eröffnet, ein Jahr später dann ein Badehaus mit drei Wannen, zwei Duschen und einem Dampfbad. Eine Sommerwirtschaft ergänzte das Badevergnügen. Ab 1800 übernahm das Ober-Hofbau und Gartendepartement das Ruder und der ehemalige Hofchirurg Christian Friedrich Stromeyer wurde zum Brunnenkommissar bestellt. Der wollte allerdings nicht, dass sich hier die Reichen und Schönen mit dem einfachen Volk herumplagen mussten. Für die Hübschen Familien (das war in der Ständegesellschaft ein inoffizieller Stand: Adel, Kleriker, Hübsche Familien und Bürgertum) ließ er deshalb ein luxuriöses Gast- und Logierhaus errichten. Ein zweites solches Haus, etwas bescheidener gestaltet, wurde für das Proletariat gebaut. Während die einen die Roulettekugeln rollen ließen, konnten sich die weniger bemittelten Leute in einem Tanzsaal oder der Kegelbahn vergnügen. Manche der Damen, die ins besser ausgestattete Etablissement gingen, sollen dem horizontalen Gewerbe angehört haben. Nicht der Rubel rollte im Limmerbrunnen, sondern der Taler.

Die Villa Beckedorf versteckt sich hinter Hecken. Einen Grund dafür gibt es nicht für sie.

Hier ging eine Probebohrung leer aus. Die Quellen sind versiegt.

DER NIEDERGANG Die Blütezeit währte nicht allzu lange. Ab 1824 wurden nur noch Verluste eingefahren, man dachte über den Verkauf der Anstalt nach. Die Konkurrenz des Heilbads Bad Nenndorf war zu groß geworden. Aus sozialen Gründen verboten die beiden Könige Ernst August und sein Nachfolger Georg V. eine Veräußerung. Das Bad wurde zum Preußischen Staatsbad. 1872 wurde es dann aber doch verkauft. Es wechselte mehrfach die Besitzer, die alle das Gelände erweiterten und umbauten. Sogar eine ganze Villa wurde von der Jägerstraße hierher versetzt. Es ist die Villa Beckedorf, die der Hofarchitekt Georg Ludwig Friedrich Laves für die Kammerfrau von Beckedorf als Gartenhaus errichten ließ. Der Bau des Stichkanals machte dann jede weitere Expansion unmöglich. Bis 1961 konnte man Anwendungen genießen, doch schließlich versiegte die

Quelle langsam. Schon zuvor musste das Heilwasser mit hochkonzentrierter Sole angereichert werden. Das Bad wurde geschlossen. Es ist fast nichts mehr vom Limmerbrunnen übrig. Nur ein Steinblock erinnert an die insgesamt vier Quellen, die das Bad einst speisten und 1983 zugeschüttet wurden. Bereits 1976 brannte das Kurhaus ab, die restlichen Gebäude fielen dem Abriss zum Opfer. Nur zwei Villen, die Villa Beckedorf und gegenüber die Villa Goedeckemeyer, stehen noch. Ob die Stadt Hannover jemals beantragt hat, dass es den amtlichen Beinamen eines Kurorts Bad, also Bad Hannover, führen kann? Das kann sein oder auch nicht.

Wer den Limmerbrunnen nicht findet, der sollte auf Straßenschilder achten.

Das besondere Erlebnis

Bei Chéz Heinz ist ein kultiger Liveclub mit Kellerflair in der Liepmannstraße 7B. Hier finden Partys und Konzerte von Indie über Punk und Hardcore bis Death Metal statt. Einmal im Monat gibt es ein Krökelturnier (Tischkicker) und einen Metal-Frühschoppen (allerdings erst ab 11 Uhr).

Von der alten Pracht ist nichts mehr übrig. Ein paar Backsteine liegen aber noch herum.

Königliches Zellengefängnis (später Gerichtsgefängnis) hinter dem Hauptbahnhof.

10

KURZE WEGE ZUM TOD

Das Gerichtsgefängnis am Raschplatz

Wo heute ein Kulturtempel steht, erinnert nur noch ein Mahnmal an die Gräuel des Naziregimes. Wer im Gerichtsgefängnis zum Tode verurteilt wurde, musste nicht lange zur Richtstätte laufen.

Ort Raschplatz, 30161 Hannover **GPS** 52.378536, 9.743516
Anfahrt Der Raschplatz ist der Platz hinter dem Bahnhof.

DER BAU UND DER AUSBAU Was haben diese Menschen gemeinsam? Ein Architekt. Ein Kommunist, nach dem heute Straßen und Parks und sogar Orte (wie zum Beispiel Telman, ein Dorf an der Transmongolischen Eisenbahn) benannt sind. Ein Fahrstuhlführer und Schlosser. Ein Künstler. Ein Serienmorder. Sie alle hatten etwas mit dem ehemaligen Königlichen Zellengefängnis, dem späteren Gerichtsgefängnis, gemein. Beginnen wir mit dem Architekten. Eduard Schuster ließ die kreuzförmige, mit Nebengebäuden und einer hohen Mauer aus roten Backsteinen umgebene Haftanstalt zwischen 1865 und 1875 für die Stadt errichten. Sie war für knapp 300 Menschen konzipiert, hauptsächlich für Männer, aber auch für 17 Frauen gab es einen Trakt. Bereits mehrfach erweitert, wurde sie im Dritten Reich dann für achthundert Gefangene ausgebaut. Das Gefängnis wurde außerhalb der Stadt auf dem Steintorfeld gebaut, doch schnell entstand rund herum das neue Raschplatzviertel mit einem Gymnasium, von dem aus man die Sträflinge beim Freigang beobachten konnte.

SPD, USPD, KPD Das ist die politische Laufbahn von Ernst Johannes Fritz Thälmann (1886–1944), der vor allem in der Deutschen Demokratischen Republik (DDR) nach seinem Tod hoch verehrt wurde. Mehrere Schiffe, Betriebe, Siedlungen und Bataillone der Volksarmee trugen seinen Namen. Aber auch im kommunistischen Ausland, in der ehemaligen Sowjetunion, wurden vier Orte nach ihm benannt. 1903 wurde Thälmann zunächst Mitglied der Sozialdemokratischen Partei Deutschlands (SPD), bei der er bis zum Vorsitzenden der Abteilung Fuhrleute aufstieg. Allerdings hielt es ihn dort nur fünfzehn Jahre. Unzufrieden wechselte er nach dem Ersten Weltkrieg zur Unabhängigen Sozialdemokratischen Partei Deutschlands (USDP), einer Abspaltung der Ursprungspartei. Doch auch dort blieb er gerade mal drei Jahre, dann ging er zur Kommunistischen Partei Deutschlands (KPD). Schnell stieg er zum linken Führer der Hamburger Parteilinken auf. So zog er sich den Hass der Faschisten zu, die ein Handgranaten-Attentat auf sein Haus verübten. Verletzt wurde niemand. Bereits am 3. März 1933 (die Machtübernahme durch die Nationalsozialistische Deutsche Arbeiterpartei, NSDAP war am 30. Januar) wurde Thälmann in Berlin verhaftet. Dem eigentlich unter Immunität stehenden Politiker wurde Hochverrat wegen Putschabsichten vorgeworfen. In Berlin-Moabit saß er bis zu seiner Verlegung in das Gerichtsgefängnis Hannover 1937 in Schutzhaft. Was recht harmlos klingt, war bei den Nazis die Verfolgung und Vernichtung von andersdenkenden und missliebigen Personen, zu denen auch Homosexuelle, Sinti und Roma, »Arbeitsscheue« und Prostituierte zählten. Sie wurden ausschließlich in staatlichen Gefängnissen und Konzentrationslagern inhaftiert, gefoltert und oftmals ermordet. In Hannover saß Thälmann erst in strenger Einzelhaft, später durfte er Besuch empfangen und bekam sogar eine der größeren Zellen, die

Gedenktafel für die Opfer des Naziregimes im Gerichtsgefängnis.

Denkmal für die Opfer des Naziregimes, dahinter der Pavillon.

natürlich abgehört wurde. Allerdings »unterhielt« sich Thälmann in wichtigen Dingen nur schriftlich. 1943 wurde er nach Bautzen verlegt, 1944 in das Konzentrationslager Buchenwald, wo er ermordet wurde.

DIE HOFFNUNGSBIRKE Auf der Mauer des Gefängnisses wuchs eine Birke. Hoffnungsbirke wurde sie genannt. Sogar Theodor Lessing beschrieb sie in seinem Buch über Fritz Haarmann (siehe Kapitel Das Protokoll des Grauens), der der oben gesuchte Serienmörder ist. »Hinter dem Bahnhof der Stadt Hannover im totesten, seelenlosesten Steinwüstenbezirk an der Celler Straße liegt ein Zuchthaus; ein riesiges Gelände, umzirkt (umbaut) von einer trostlosen Riesenmauer aus roten Backsteinen. Auf einem Winkel dieser Mauer blüht ein holdes Wunder, das jeder Hannoveraner kennt: eine kleine Birke, der zarteste und zäheste Baum, so blond und so bescheiden, so herb und so lieblich, von so verletzlicher und zarter Rinde und von so zäher und gesunder Wurzel wie die Kinder unserer niedersächsischen Landschaft. Sie hat durch ein Wunder mitten in der baumlosen Steinwüste just auf der roten Zuchthausmauer Wurzeln geschlagen, ein Gruß des guten Lebens, das durch all unser menschliches Zucht- und Unzuchtelend doch wieder hindurchbricht.« Wilhelm Hahn junior hieß der Schlosser und Aufzugführer, ein sozialdemokratischer Widerstandskämpfer, sah die Birke bei seinem Freigang. Er war 1936 für einige Wochen in Untersuchungshaft im Gerichtsgefängnis. Hans-Jürgen Breuste (1933–2012), der Künstler, kannte sie sicher auch. Er schuf 1989 das Mahnmal Gerichtsgefängnis.

KULTUR UND HOFFNUNG Das Gefängnis existiert nicht mehr, es wurde 1963 abgerissen. An diesen Ort des Leidens und des Todes steht heute das Kultur- und Kommunikationszentrum Pavillon am Beginn der Lister Meile auf dem Raschplatz. Das Mahnmal erinnert an die verschiedenen Opfergruppen der Nationalsozialisten.

Das besondere Erlebnis

Die Kröpcke-Uhr in der Niki-de-Saint-Phalle-Promenade 9 wird jedes Jahr zur kleinsten Bühne für die Fête de la Musique, die immer am 21. Juni stattfindet. In ihr treten dann Bands auf, wobei die nur aus einer Person bestehen können. Mehr Platz ist nicht.

Auf der Mauer wächst eine Birke,
davor auf der Straße eine Schulklasse.

11

DIE HÄSSLICHSTE ALLER UTOPIEN

Das Ihme-Zentrum

Hannover sollte nach dem Zweiten Weltkrieg eine autofreundliche Stadt werden. Überall wurden bewohnerunfreundliche Bausünden begangen. Europaweit die größte hieß Ihme-Zentrum.

Ort Ihmeplatz, 30449 Hannover **GPS** 52.369936, 9.720091
Anfahrt Linie 10 Ahlem bis Haltestelle Am Küchengarten

In der nachträglich überdachten Ladenpassage gibt es keinen Laden mehr.

DIE UTOPIE »Nicht Ort«, so in etwa kann das altgriechische οὐ tópos übersetzt werden. Etwas, das zwar denkbar ist, aber nicht wahr werden kann. In den 1960er Jahren wollten einige Herren der Stadt Hannover dies nicht wahrhaben und etwas bauen, das revolutionär war. Etwas nie Dagewesenes. Vielleicht etwas, das sie in die Geschichte eingehen lassen würde. Die Idee war die Errichtung einiger multifunktioneller Bauwerke, in denen die Menschen wohnen, arbeiten und einkaufen würden. Die Bewohner sollten in ihnen alles bekommen, was sie zum Leben benötigten. Einkaufsparadiese, Schwimmbäder, Wohnidylle. Die Utopie einer besseren, einer lebenswerten Welt. Aus Beton zwar, aber autofrei, doch mit riesigen Parkhäusern unter den Zentren. Bereits während des Baus kamen Menschen aus vielen Nationen, um sich anzusehen, wie die Städte der Zukunft aussehen würden.

Aufgang in die zweite Ebene. Aber nur ohne Fahrrad

VOM LINDENER SAMT ZUR BETONBURG

Zum Glück wurde nur das Ihme-Zentrum realisiert, denn es war schon bei der Eröffnung eine unglaublich grässliche Betonburg. 1837 wurde auf dem Gelände die Mechanische Weberei gegründet, die Weltruhm mit ihrem Lindener Samt errang. 1961 wurde die Fabrik stillgelegt und 1972 wurden die letzten Gebäude abgerissen, um Platz für dieses utopische Gebäudeensemble zu schaffen. 60.000 Quadratmeter Geschäftsfläche und fast noch einmal so viel Wohnfläche baute man bis 1975. Es war die größte Baustelle Europas und erreichte mit seinem 300.000 quadratmetergroßen gegossenen Betonfundament den traurigen Rekord, das größte seiner Art zu sein. Das ist übrigens eine Fläche, auf der man 42 Fußballfelder anlegen könnte. Etwa 2.400 Menschen lebten in 860 Wohnungen. Nach Eröffnung zeigte sich schnell, dass der im Baustil des Brutalismus (kein Witz! Allerdings hat die Bezeichnung nichts mit Brutalität zu tun, vielmehr kommt sie vom französischen Begriff béton brut, was mit »roher Beton«, also Sichtbeton übersetzt werden kann) gebaute Komplex einige architektonische Schwächen hatte. Das Bauwerk war verwinkelt und unübersichtlich. Die Ladenpassage war nicht überdacht, an manchen Stellen pfiff ein kräftiger Wind, der alles umblies. Namensgeber des Zentrums ist das Flüsschen Ihme, an dessen Ufer es erbaut wurde. Das Ufer hätte man mit Gastronomie aufwerten können, hat man aber nicht. Die wenigen unbequemen Bänke aus Drahtgitter wurden so installiert, dass man freien Blick auf die Betonwände hatte. Es gibt auch nur ein paar wenige zugige Durchgänge zur Ihme. Erholung stand für die Architekten nicht im Vordergrund. Alle öf-

Eines der gelungenen Graffiti. Es gibt leider mehr Negativbeispiele.

fentlichen Einrichtungen und Läden waren zudem nur über Aufzüge, Rolltreppen und Treppen zu erreichen. Geplant war, dass das Zentrum einen eigenen U-Bahnhof bekommen sollte, doch die Straßenbahnlinie wurde nie gebaut. Im Süden gab es einen großen Supermarkt, im Norden sorgte Kaufhof für alles andere. In der Ladenpassage konnte man in 60 Läden einkaufen. Es gab alles, was man brauchte. Das Schwimmbad wurde zwar gebaut, allerdings nie in Betrieb genommen. Eigentlich begann mit der Eröffnung des Ihme-Zentrums bereits sein Niedergang.

RÜCKZUGSORT FÜR TERRORISTEN Wer kann etwas mit den folgenden Namen anfangen: Knut Folkerts, Silke Maier-Witt, Ingrid Siepmann und Monika Helbing? Heute sind die wahrscheinlich nur noch wenigen Lesern bekannt. In den 70er- und 80er-Jahren des letzten Jahrhunderts waren sie aber recht prominent. Schließlich hingen an vielen Orten Fahndungsplakate für die Terroristen der Roten-Armee-Fraktion (RAF). Die vier oben genannten Personen lebten zeitweilig in Hannover, und zwar im Ihme-Zentrum. Als die Polizei 1978 Hinweise auf eine konspirative Wohnung erhielt, waren die Terroristen aber schon seit vier Monaten weg. Neben handschriftlichen Notizen wurde Material gefunden, das zum Bau einer Stalinorgel dienen sollte.

DIE 80ER, 90ER UND 00ER JAHRE Besonders beliebt war das Ihme-Zentrum nie. Doch auch Hannoveraner, die nicht dort wohnten, besuchten es, es bot schließlich einige Publikumsmagnete an. Doch für Kaufhof war schon nach wenigen Jahren Schluss, die Filiale lohnte sich nicht. Der Elektromarkt Saturn Hansa zog stattdessen in die verwaiste Betonhöhle. Die großen Lebensmittelketten im Süden hielten ebenso nicht allzu lange durch, aus »mehr Wert« wurde »Huma«, dann »Allkauf« und noch ein paar Ketten versuchten erfolglos ihr Glück. 2004 zog Saturn aus und löste so das Sterben aller anderen Läden aus. Es gab keinen Grund mehr zum Ihme-Zentrum zu fahren. Der Verfall begann jetzt erst richtig. Das sah auch die Stadt Hannover so und mietete einige Flächen an. So wurde unter anderem das Hochbauamt von der Stadtmitte ins Ihme-Zentrum verlegt. Sicher nicht zur Freude der Beschäftigten. Insgesamt mietete Hannover 10.000 Quadratmeter Büroflächen an. Obwohl in den Verträgen stand, dass das Bauwerk revitalisiert werden sollte, kam es nicht dazu. Mehrere Investoren gaben auf, auch der Umbau zum Linden-Park mit einer neuen Ladenpassage scheiterte kläglich.

DIE ZUKUNFT Schlendert man heute durch das Ihme-Zentrum, kommt man nicht allzu weit. Überall endet die erlaubte Besichtigung an Absperrungen. Manche wegen Bau- oder Sanierungsarbeiten, einige, um den Besucher zu schützen. Abbröckelnder Beton, Gebäudeteile, die durch Feuer vernichtet wurden, begonnene und wieder abgebrochene Bauarbeiten, undichte Wasserversorgungsleitungen. Die weitesten Wege, um das Zentrum zu erwandern, sind die über den Außenbereich, wo sich die Zugänge der Hochhäuser befinden. Hier kann das Ihme-Zentrum einmal umrundet werden, teilweise auch auf den höheren Ebenen. Es ist eine Strecke von etwa 2,5 Kilometern. Hier sind neben den üblichen Graffitischmierereien auch einige richtig schöne Wandgemälde zu entdecken. Eine komplette Unterquerung ist in der Nähe der Ihme-Brücke möglich. Dabei kann man sich gut in die 70er-Jahre zurückversetzen. Für Beleuchtung ist gesorgt, vereinzelte Neonröhren flackern unentwegt ein müdes Licht ins Dunkel. Wenn man mit der Besichtigung fertig ist, fragt man sich: »Warum wird dieses Ding nicht einfach in die Luft gesprengt?« Die Antwort gibt Nachhaltigkeitsforscher Constantin Alexander, der auch die Zukunftswerkstatt Ihme-Zentrum initiiert hat. Ein Abriss würde mindestens 150.000.000 € kosten, zusätzlich kämen Entschädigungen für die Eigentümer dazu. Der wichtigste Grund sind aber die derzeit etwa 2.000 Bewohner (viele davon besitzen hier Eigentumswohnungen) und das Studentenwohnheim für 450 Studierende. Constantin Alexander, der selbst dort eingezogen ist, hat viel vor. So wurde ein großer Küchengarten angelegt. Auf 520 Quadratmetern wachsen die Pflanzen in selbst gezimmerten Holzkästen und dienen der Selbstversorgung. Das Büro ist selbst ins Ihme-Zentrum gezogen und sieht sich als Nachbarschafts- und Kulturzentrum, das Lesungen, Konzerte, Feiern, Ausstellungen und Diskussionsrunden veranstaltet. Nichtbewohner sind willkommen. Ein bisschen Leben zieht also wieder ein, in die hässlichste Utopie, die es je gab.

Das besondere Erlebnis

Zum Glück wurden beim Abriss der Mechanischen Weberei der Platz Schwarzer Bär und einige seiner Gebäude auf der Nordseite des Ihme-Zentrums verschont. Dort befindet sich das Capitol, ein bis heute bestehendes Veranstaltungszentrum. Der Autor hätte in den 90er Jahren sicher einige hochkarätige Konzerte verpasst, wenn es das Capitol nicht mehr gäbe. Santana, oder Jethro Tull, um nur zwei zu nennen. Und das oft für unter 10 DM.

Oben Schmierereien, unten Kunst, Graffiti am Ihme-Ufer

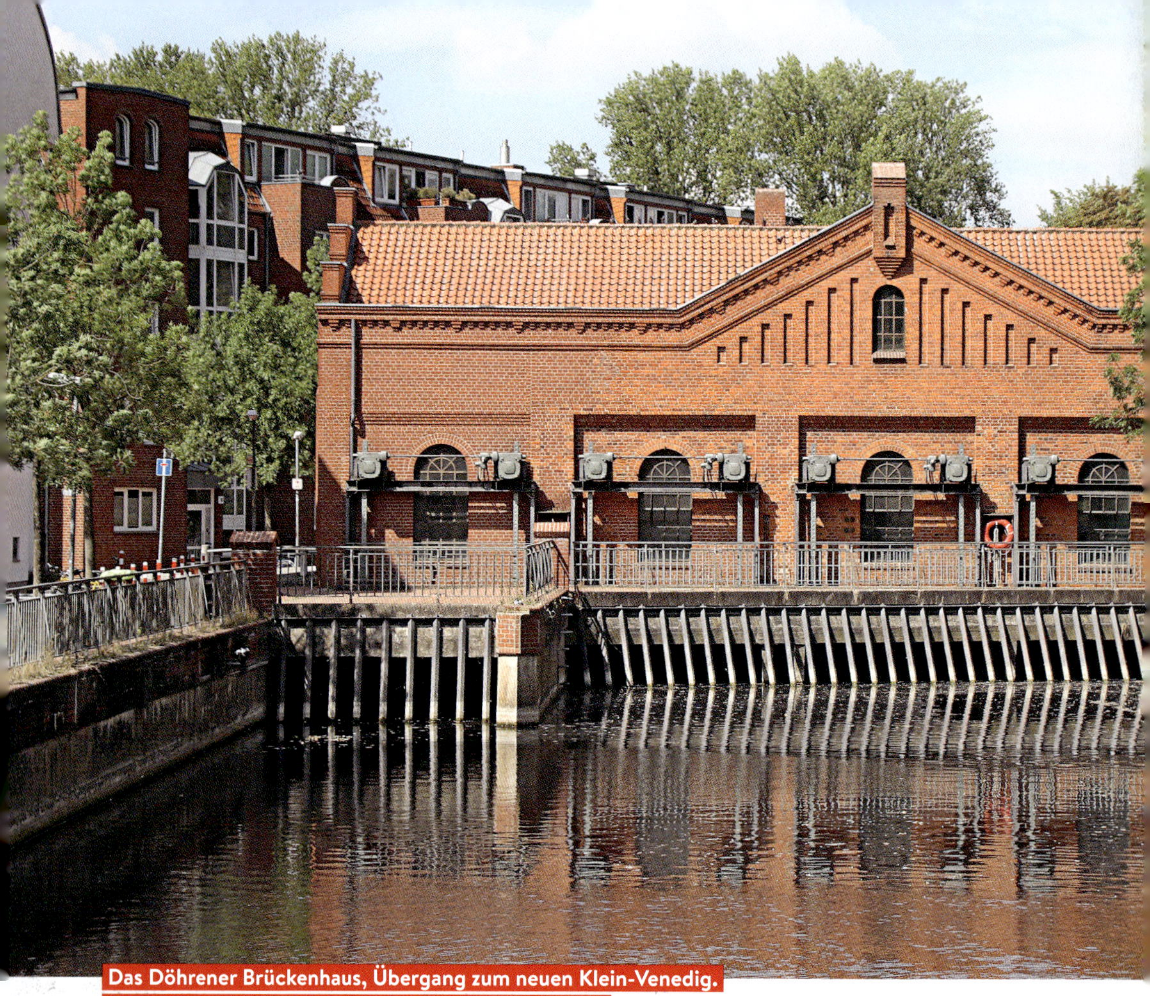

Das Döhrener Brückenhaus, Übergang zum neuen Klein-Venedig.
Turbinenhaus der ehemaligen Fabrik Döhrener Wolle.

12

AUF NACH VENEZIA

Klein-Venedig in Hannover

Wer schon mal in Venedig war, der weiß, wie wenig Klein-Venedig mit der Lagunenstadt gemeinsam hat. Doch das war nicht immer so.

Ort Am hohen Ufer, 30159 Hannover **GPS** 52.371982, 9.731056
Anfahrt Linien 3 und 7 Wettbergen, 9 Empelde bis Haltestelle Markthalle/Landtag, dann zu Fuß über Leinstraße und Kramerstraße zum Am Hohen Ufer

Die Martin-Neuffer-Brücke über der Leine aus dem Jahr 1737

IRGENDWAS MIT VENEDIG MUSS ES SCHON SEIN Die Hildesheimer haben eine Kleine Venedig, die Hannoveraner haben die Klein-Venedig, die Wolfenbütteler auch. Wo immer eine Flussinsel in einer Stadt auftaucht oder ein meist kanalisierter Flusslauf durch eine Wohngegend mäandert, da soll man sich an die berühmte Lagunenstadt erinnern und schon nennt man die Gegend nach ihr. Irgendwas mit Venedig halt. Ab wann Hannover diese Bezeichnung verwendet, war nicht herauszubekommen. In Hildesheim taucht die Kleine Venedig als Venetiae oder Venedie das erste Mal 1283 in den Urkunden auf und wird durch die Innerste gebildet. Das Nass plätschert von der Bischofsstadt weiter, um bei Ruthe in die Leine zu münden. Und die fließt durch Hannover. Das Wasser sucht heutzutage allerdings vergebens die Leineinsel. Nach dem Krieg sollte die Landeshauptstadt zur autogerechten Stadt umgestaltet werden, deshalb schüttete man einen der Flussarme zu. Über den ehemaligen Brückmühlenarm rasen heute Autos, die sechsspurige Straße wurde nach Gottfried Wilhelm Leibnitz benannt. Was der wohl darüber denken würde? Zu verdanken ist dies den damals zukunftsweisenden Visionen des Stadtplaners Rudolf Hillebrecht. An die Lagunenstadt erinnert hier jedenfalls nichts mehr. Schade. Die Leine selbst wurde in einen Kanal gezwängt. Zumindest da, wo mal Klein-Venedig war.

Hier teilten sich die Flussarme, ganz in der Nähe der Pferdeschwemme.

ALTE HERRLICHKEIT Schade, denn die Leineinsel war prächtig. Das war schon so im Mittelalter und in der Frühen Neuzeit. Obwohl sie damals noch vor den Stadtmauern lag. Bilder um 1900 zeugen davon, dass die Insel tatsächlich an Venedig erinnerte, floss das Wasser doch direkt an den Häusern vorbei. Es gab Brücken, die den Fluss überspannten, nur singende Gondolieri gab es wahrscheinlich nicht. Die Leine gabelte sich etwa in Höhe des Kestner-Museums und fand an der Pferdestraße wieder zusammen. Dort war eine Pferdeschwemme angelegt. Das war eine Stelle, an der Pferde und Ochsen nach der Arbeit in den Fluss geführt wurden, um sie zu säubern oder zu tränken. Sie ist übrigens noch immer zu sehen. Am Hohen Ufer, an der ehemaligen Stadtmauer, steht die Bronzestatue Mann mit Pferd. Dort führt ein Abgang runter zur Leine. Die Insel

Blick leineaufwärts in Richtung Leineschloss. Aufnahme um 1900

Wo heute Autos rauschen, floss früher der zweite Leinearm. Am Leibnitzufer

war vor dem Zweiten Weltkrieg dicht bebaut, doch den Luftangriff am 9. Oktober 1943, bei dem die Altstadt zerstört wurde, überstand auch Klein-Venedig nicht.

DAS NEUE KLEIN-VENEDIG? Für die, die es nicht wissen: Es gibt eine weitere Leineinsel, und zwar die Leineinsel Döhren. Leider ist hier nur noch ein altes Gebäude zu bewundern. Um einen Teich wurden moderne Reihenhäuser errichtet. Sehenswert ist aber das Döhrener Brückenhaus. Dieses ist auch heute noch in Betrieb, als Straßenverbindung auf die Insel und als Staustufe für die Leine.

Das besondere Erlebnis

Bei Ruthe, einem Sarstedter Ortsteil, mündet die Innerste in die Leine. Die Mündung wird Sackpiepe genannt. Der Ort lädt zum längeren Verweilen ein. Mit etwas Glück kann man Eisvögel bei der Jagd beobachten oder sogar Biber sehen. Zum Picknick kann man sich unter einen hölzernen Pavillon setzen. Bitte alles wieder mit nach Hause nehmen. Wer schon immer mal wissen will, wie weit die Planeten unseres Sonnensystems auseinanderliegen, der kann auf dem Rückweg mit dem Pluto an der Sackpiepe anfangen. Die Sonne findet man dann auf der Brücke Marienburger Straße.

Crossover-Küche gab es 1900 noch nicht: Restaurant Stadtmauer

13

DIE KULTSTÄTTE

Das Eilenrieder Rad im Stadtwald

Die Germanen hatten eigentlich nur wenig Gemeinsamkeiten: die Sprache und die Götter. Ansonsten haben sich die Stämme meist gegenseitig bekriegt.

Ort Walderseestraße Ecke Lortzingstraße, 30177 Hannover **GPS** 52.38793, 9.76524
Anfahrt Linien 3 Altwarmbüchen, 7 Misburg oder 9 Fasanenkrug bis Haltestelle Lortzingstraße, dann zu Fuß über die Lortzingstraße in die Eilenriede. Am 2. Weg links halten und dann an der 2. Abbiegung wieder links halten.

Das Eilenrieder Rad: Verlaufen ist im Labyrinth nicht möglich. Es gibt nur einen Weg.

KONFLIKTLÖSUNG Stellen Sie sich folgende Situation vor: Eine Familie läuft im weiten Kreis um eine Linde herum, doch plötzlich wendet sie und geht anscheinend auf demselben Weg zurück. Und das mehrmals. Was bewegt sie dazu? Die Antwort auf diese Frage muss noch ein wenig hintangestellt werden. Eine weitere Aufgabe: Was soll man davon halten, wenn den Bürgern Hannovers ein sumpfiges Gebiet geschenkt wird? Und das zur Erholung? Okay, man kann gut versumpfen, aber das ist keine Lösung für die Frage. Das Ganze ist auch schon ein paar Jahre her, wahrscheinlich eine Zeit, in der die Leute sich mit weniger zufriedengaben als mit ihrem SUV oder ihren Luxusvillen. Wenn sie keine Pest bekamen, genügend zu Essen da war und gerade keine feindlichen Truppen durchs Land zogen, war für die Menschen die Welt im 14. Jahrhundert meist in Ordnung. Früher war es ja üblich, Meinungsverschiedenheiten mit Hilfe von Morgensternen, Äxten oder Schwertern zu lösen. Schlagkräftige Argumente, wenn jemand das Gebiet eines anderen haben wollte, waren das Aufmarschierenlassen einer möglichst großen Armee. So geschehen im Lüneburger Erbfolgekrieg (1370–1373), in dem die Hannoveraner sich auf die Seite der Sachsen stellten. Klar, auf der Gegenseite standen schließ-

lich auch die Braunschweiger. Um die Frage mit dem Geschenk zuerst zu klären: 1371 schenkten die Herzöge und vorherigen Eigentümer Wenzeslaus und Albrecht von Sachsen den Bürgern von Hannover ein 465 Hektar großes Waldstück. Ein Wald, der in einem Sumpfgebiet (Ried) stand, das man eh nicht bebauen konnte. Genannt wurde der Wald Eilenriede, weil dort hauptsächlich Eilen, also Erlen, wuchsen. Und die Hannoveraner liebten und vergrößerten ihren Wald zur mittlerweile 640 Hektar großen Eilenriede.

DIE LINDE Heute wachsen auch andere Bäume dort, Eichen und Linden zum Beispiel. Eine Linde steht mitten in einer kreisrunden Lichtung im Wald, unweit einer Stelle, an der früher eine altgermanische Kultstätte gewesen sein soll. Und die alten Germanen tanzten gerne um einen Baum, um den Gott des Wetters nicht zu verärgern. Der war nämlich recht kräftig und hatte immer einen großen Hammer bei sich. Bei uns in der Gegend wurde er Donar genannt, weiter nördlich war er als Thor bekannt. Manchmal wurde auch vom Donnerer gesprochen. Die rituellen Tänze führten den Tänzer jedoch nicht kreisförmig um den Baum, sondern wurden labyrinthartig ausgeführt. Damit sie sich nicht vertanzten, legten sie sogenannte Rasenlabyrinthe an. Ein

Immer auf dem richtigen Weg: Labyrinthgänger am Ziel.

solches existiert seit 1932 wieder. Das älteste in Hannover, es gab insgesamt vier, wurde bereits 1642 in der Stadtchronik erwähnt. Es wurde das Eilenrieder Rad genannt und lag weit vor den Toren der Stadt, dort wo heute die Arkaden des Neuen Hauses stehen (an der ehemaligen Hochschule für Musik, Theater und Medien). Technisch gesehen handelt es sich auch nicht um ein Labyrinth, sondern um ein sogenanntes Baltisches Rad, in dem man sich nicht verlaufen kann. Es gibt zwei Eingänge und alle führen sie zum Ziel, ohne dass es ins Nichts führende Abzweigungen gäbe: zu der Linde, die man berühren soll. Genau so sollen die Germanen getanzt haben. Wo genau die altgermanische Kultstätte war oder ob sie es je gegeben hat, weiß man nicht. Für manche ist das Eilenrieder Rad jedenfalls ein magischer Kraftort. Tänzer habe ich leider keine gesehen. Schade.

Das besondere Erlebnis

Am Lister Turm gibt es einige Sportgeräte: Parallelbarren, Klimmzugstangen, Sprossenwand, Hangelleiter, Schrägbank, Schlingentrainer und Balancebalken. Sie gehören zum sogenannten Calisthenics Park. Dort lassen sich etliche Übungen mit dem Körpergewicht durchführen, wobei eine Vielzahl von Muskelgruppen trainiert werden kann.

Nur aus der Vogelperspektive kann man den Tanz der Germanen nachvollziehen.

Einer der Grabhügel am Benther Berg: Zeugen der Vergangenheit

14

IN EINEM LAND VOR UNSERER ZEIT

Hügelgräber und weitere Zeitzeugnisse am Benther Berg

Am Benther Berg findet man seltsame Hügel im Wald und ein tiefes Loch. Die Enthüllung dieses Geheimnisses führt uns zurück in eine Zeit, in der das Leben auf der Welt ein ganz anderes war.

Ort Lenther Chaussee, 30952 Ronnenberg **GPS** 52.351186, 9.635906
Anfahrt U-Bahn Linie 9 Empelde bis Haltestelle Am Soltekampe, dann Bus 580 Ronnenberg bis Haltestelle Hannover Benther Berg. Mit dem Auto über Bremer Damm, Fössestraße und Davenstedter Straße bis Carlo-Schmid-Allee. Dann auf Am Soltekampe abbiegen und weiter auf der Lenther Chaussee bis Parkplatz Jägerheim.

2200–800 VOR CHRISTUS ist eine Periode in der Geschichte der Menschheit, die man heute als Bronzezeit bezeichnet. Das ist eine zu lange Zeitspanne für eine präzise Betrachtung, also gehen wir zurück ins Kalenderjahr 1580 vor Christi Geburt. Plus minus 200 Jahre, so genau weiß man das nicht. Die Steinzeit war vor etwa 800 Jahren zu Ende gegangen. Irgendein findiger Steinzeitmensch hatte damals eine epochenbrechende Entdeckung gemacht: die Verarbeitung von Metallen. Nun befand sich die Menschheit in der älteren Bronzezeit. Doch es brauchte noch einige Zeit, ehe ein weiterer Mensch, ob aus Versehen oder Experimentierfreude, das weiß niemand, zufällig herausfand: Mischt man flüssiges Kupfer mit etwas geschmolzenem Zinn, kommt dabei ein wesentlich härteres Element heraus. Er nannte die Legierung Bronze und nun wussten die Leute endlich, dass sie in der Bronzezeit lebten. Der letzte Satz ist natürlich Unsinn. Wie er das neue Metall benannte, ist nicht überliefert. Und in Europa teilte man die Weltgeschichte erst im späten 17. und frühen 18. Jahrhundert in die heute bekannten Epochen ein.

LEBEN IN DER BRONZEZEIT Wie lebten die Menschen damals? Meist in kleinen Dörfern mit bis zu acht großen Familien, von denen fast jede einen eigenen Bauernhof oder eine Werkstatt hatte. Sie beackerten den Boden, ernteten Getreide, Saubohnen und Hirse und hielten sich Vieh. Auch die Herstellung von Käse war schon bekannt. Während die einen Bauern waren und sich um die Ernährung kümmerten, spezialisierten sich andere. Um Metall schmelzen zu können, brauchte man eine Menge Holzkohle. Also wurde einer aus

Explosionskrater oder Erdfall?
Der Krater ist eine gute Orientierungshilfe.

dem Dorf Köhler. Die Kohle benötigte der Erzschmelzer, der seine Bronze einem Schmied übergab. Und der schmiedete dann die nötigen Werkzeuge daraus. Tierfelle trug man schon lange nicht mehr. Bereits in der späten Steinzeit hatte man das Leinen erfunden. Somit den Weber und den Schneider. Für den Handel mit anderen Siedlungen waren Transportwagen wichtig, deswegen gab es Wagner. Mit den Wagen konnte man Holzkohle und Bronzebarren viel bequemer transportieren. Schmuck wurde für den Eigenbedarf hergestellt oder gegen Güter getauscht, die man nicht im eigenen Dorf erzeugen konnte. Das Leben war hart und nicht allzu lang. Die Lebenserwartung betrug etwa 30–45 Jahre, aber es konnte viel dazwischenkommen. Ärzte gab es noch lange nicht. Knochenbrüche oder eine einfache Zahnentzündung konnten den Tod bedeuten, eine Blinddarmentzündung führte zum sicheren Ableben. Die Kindersterblichkeit bei Neugeborenen lag bei 25 Prozent, kaum die Hälfte der Kinder erreichte das Erwachsenenalter. Den Müttern erging es auch nicht besser, viele starben im Kindbett und wurden oft nicht älter als 20.

Dieses Wanderwegzeichen hilft nicht beim Finden, es ist das einzige.

DIE SOZIALEN STÄNDE Übrigens gab es damals schon Arme und Reiche. Vermutlich waren die Reichen diejenigen, die das Dorf vor Gefahren geschützt haben, die Kämpfer. Wahrscheinlich gehörte auch der Dorfchef oder Häuptling (die Bezeichnung ist unbekannt) dazu. Es waren die, die nicht arbeiten konnten (oder wollten), weil ihnen andere Aufgaben zufielen. Sie besaßen mehr Schmuck, vielleicht ein größeres Haus und hatten mehr zu sagen. Aus ihnen wurden später die Adligen.

TOD IN DER BRONZEZEIT Egal, ob arm oder reich, sie starben irgendwann und wurden bestattet. Die Leichen bettete man in zwei ausgehöhlte halbierte Baumstämme. Dieser Baumsarg wurde zu einem in der Nähe gelegenen Gräberfeld gebracht. Dort begrub man sie nicht nach heutiger Sitte, sondern legte den Sarg auf den Boden und dann begann eine unermessliche Arbeit. Um den Sarg herum wurde nämlich Erde in Form eines Spitzkegels aufgeschichtet, der teilweise fünf bis sechs Meter hoch war. Als Grabbeilage wurde den Verstorbenen Schmuck aus Bronze, Silber und Gold, Tongefäße und Waffen mitgegeben. Heute nennt man diese Gräber Hügelgräber.

DIE HÜGELGRÄBER AM BENTHER BERG
Diese Zeugen der Vergangenheit sind heute noch sichtbar. Selbst, wenn die meisten Einheimischen nichts davon wissen. Erst nachdem wir den vierten Wanderer gefragt hatten, bekamen wir einen Hinweis darauf, wo das Gräberfeld ist. »Gehen Sie zurück auf den Weg und dann links. Da ist ein Loch im Boden, es sieht so aus, als wäre eine Bombe explodiert«, sagte eine Frau. Auf dem Weg

Schöne Aussicht, aber dass der Tisch für einen König errichtet wurde, ist ein Gerücht.

waren wir einen guten Kilometer gewandert, ehe wir abgebogen sind, weil wir hofften, dort die Hügelgräber zu finden. Doch kaum waren wir zurück, erhoben sich nach gut 100 Metern die ersten Hügel links und rechts des Weges. Der Explosionskrater ist eine gute Orientierungshilfe, vermutlich aber eher ein kleiner Erdfall. 27 Grabhügel lassen sich entdecken. Diese waren oft mit Steinkränzen umgeben, die heute nicht mehr sichtbar sind. Bis auf zwei Schürfungen im Jahr 1921 ist das Gräberfeld archäologisch noch nicht erforscht. Unweit von hier wurden aber viele Zeugnisse der Vergangenheit entdeckt, nicht nur aus der Bronzezeit. Die ältesten Relikte stammen aus der Steinzeit: Werkzeuge und Produktionsabfälle aus Feuerstein. Jüngere Funde lassen sich auf die römische Kaiserzeit (1.–4. Jahrhundert nach Christi Geburt) datieren. Erwiesen ist auch, dass sich am Benther Berg eine germanische Siedlung befand. Geschichtlich interessant war die Entdeckung von drei dicht beieinanderliegenden Rennfeueröfen, mit denen um das Jahr 0 herum Eisen geschmolzen wurde.

Das besondere Erlebnis

Wenn man vom Sportheim Lenthe Richtung Wald läuft und sich links hält, kommt man zu einem steinernen Tisch, der an ein Hünengrab erinnert. Angeblich soll er für König Georg V. (1865–1936) errichtet worden sein, damit dieser die schöne Aussicht genießen konnte. Die genaue Bedeutung ist laut der Dorfchronik aber selbst dem ehemaligen Bürgermeister von Lenthe nicht bekannt.

15

BLUMEN UND TOD

Eine jüdische Gedenkstätte in Ahlem

Einst lernten in der Erziehungsanstalt Kinder und Jugendliche. Dann kamen die Nationalsozialisten an die Macht und das Lachen verschwand vom Schulhof.

Ort Gedenkstätte Heisterbergallee 10, 30453 Hannover **GPS** 52.377454, 9.672103
Anfahrt Mit Linie 10 bis Haltestelle Erhartstraße

Das ehemalige Direktorenhaus beherbergt heute eine Ausstellung, die faszinierend und grauenvoll zugleich ist.

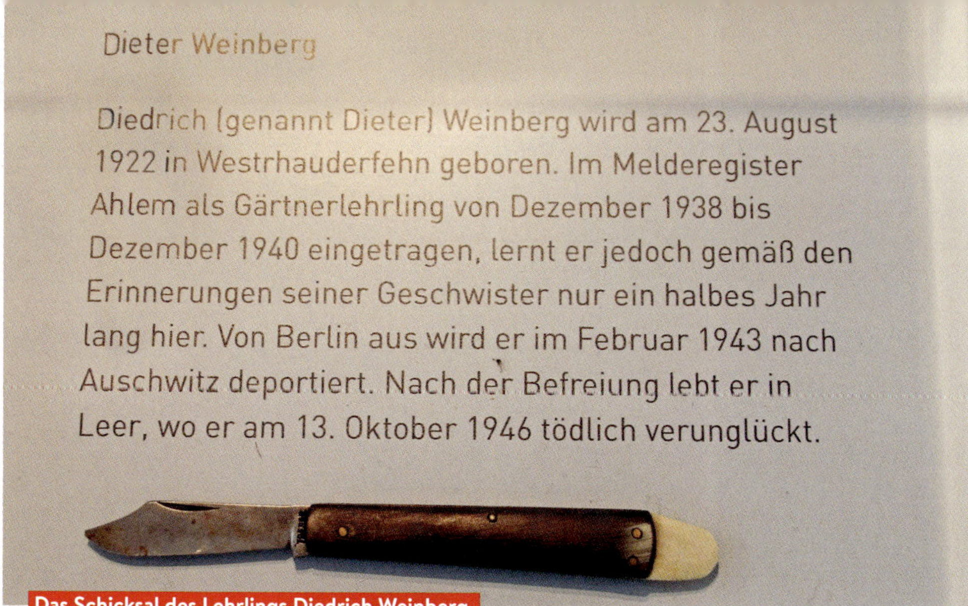

Das Schicksal des Lehrlings Diedrich Weinberg. Sein Gärtnermesser ist erhalten geblieben.

BITTERE ERNTE Das Heft liegt aufgeschlagen in einer Glasvitrine. Es geht um die Ernte. Gellerts Butterbirnen hat er gepflückt. Mittel bis groß sind sie, bauchig und grün. Der Baum trägt gut, aber nur alle zwei Jahre. Und auch die Zwetschenernte ist an diesem Tag gelaufen. Hauszwetschen, mittelgroß, schwarzblau, für alle Zwecke geeignet. Daneben hat er einen Apfel gemalt. Sauber aufgeschnitten entlang des Fraßgangs einer Raupe, die sich an ihrem eigenen Faden abseilt und in Sicherheit bringt. Es ist das Berichtsheft eines Jungen, zu seiner Zeit Tagebuch des Gärtners genannt. Es wurde so ähnlich geführt, wie es die meisten Auszubildenden heute immer noch führen müssen. Dreimal am Tag musste Paul Marcus die Temperatur vom Thermometer ablesen und eintragen. Wie viel Niederschlag es gab und aus welcher Richtung der Wind wehte. In der 38. Kalenderwoche des Jahres 1932 hat es nicht geregnet. Doch der Sturm, der aufzog, sollte geschätzten 80 Millionen Menschen das Leben kosten. 25 Wochen später, am 30. Januar 1933, ernannte Reichspräsident Paul von Hindenburg Hitler zum Reichskanzler. Auf Paul Marcus kamen schlimme Zeiten zu, denn er war Lehrjunge in der Israelitischen Gartenbauschule zu Ahlem bei Hannover. Paul war Jude.

Wer so ein Schreiben bekam, wurde schnell in ein Konzentrationslager gebracht.

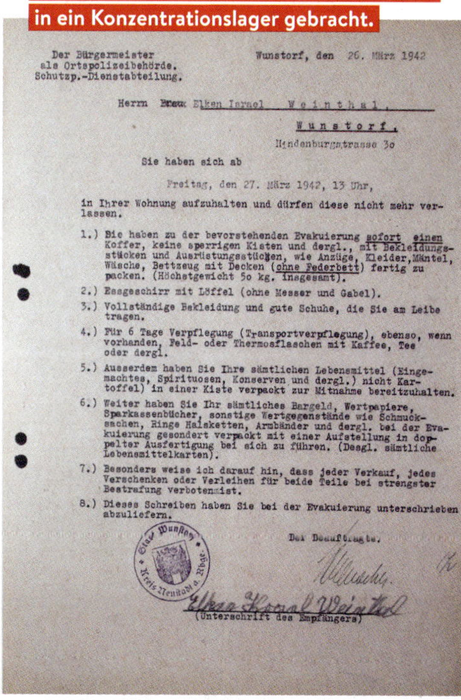

Der Bürgermeister
als Ortspolizeibehörde.
Schutzp.-Dienstabteilung.

Wunstorf, den 26. März 1942

Herrn ~~Frau~~ Elken Israel Weinthal,
Wunstorf,
Hindenburgstrasse 3o

Sie haben sich ab

Freitag, den 27. März 1942, 13 Uhr,

in Ihrer Wohnung aufzuhalten und dürfen diese nicht mehr verlassen.

1.) Sie haben zu der bevorstehenden Evakuierung sofort einen Koffer, keine sperrigen Kisten und dergl., mit Bekleidungsstücken und Ausrüstungsstücken, wie Anzüge, Kleider, Mäntel, Wäsche, Bettzeug mit Decken (ohne Federbett) fertig zu packen. (Höchstgewicht 5o kg. insgesamt).
2.) Essgeschirr mit Löffel (ohne Messer und Gabel).
3.) Vollständige Bekleidung und gute Schuhe, die Sie am Leibe tragen.
4.) Für 6 Tage Verpflegung (Transportverpflegung), ebenso, wenn vorhanden, Feld- oder Thermosflaschen mit Kaffee, Tee oder dergl.
5.) Ausserdem haben Sie Ihre sämtlichen Lebensmittel (Eingemachtes, Spirituosen, Konserven und dergl.) nicht Kartoffel) in einer Kiste verpackt zur Mitnahme bereitzuhalten.
6.) Weiter haben Sie Ihr sämtliches Bargeld, Wertpapiere, Sparkassenbücher, sonstige Wertgegenstände wie Schmucksachen, Ringe Halsketten, Armbänder und dergl. bei der Evakuierung gesondert verpackt mit einer Aufstellung in doppelter Ausfertigung bei sich zu führen. (Desgl. sämtliche Lebensmittelkarten).
7.) Besonders weise ich darauf hin, dass jeder Verkauf, jedes Verschenken oder Verleihen für beide Teile bei strengster Bestrafung verbotenmist.
8.) Dieses Schreiben haben Sie bei der Evakuierung unterschrieben abzuliefern.

Stadt Wunstorf Kreis Neustadt a. Rbge.

Dex Beauftragte.

(Unterschrift des Empfängers)

Tausende Menschen wurden von hier in die Vernichtungslager geschafft. Jede Tafel steht für ein Schicksal.

INTERNATIONALES RENOMMEE Die 1893 eröffnete Gartenbauschule war Teil der Israelitischen Erziehungsanstalt. Angeschlossen waren eine Volksschule für Mädchen und Jungen und weitere Ausbildungsstätten für praktische Handwerksberufe. In den 40 Jahren ihres Bestehens erwarb sich insbesondere die Gartenbauschule einen internationalen Ruf. Lehrlinge aus der ganzen Welt kamen nach Ahlem, das damals noch kein Stadtteil Hannovers war. Nachdem die Nationalsozialisten an die Macht gekommen waren, bereiteten sie die Jüdinnen und Juden in der Schule beruflich auf die Emigration vor. Die Schule wurde erst am 30. Juni 1942 geschlossen. Seit Dezember 1941 wurde das Gelände aber schon als Sammelstelle für die jüdische Bevölkerung genutzt. Von hier aus wurden die Menschen in die Ghettos oder in die Vernichtungslager gebracht. Nachdem bei einem Luftangriff die Leitstelle zerstört worden war, beschlagnahmte die Geheime Staatspolizei das Direktorenhaus als Ersatz. Die Schule wurde Außenstelle des Konzentrations-Außenlagers Ahlem. Nun begann auch hier das Morden. Im März 1945 töteten Gestapo-Männer noch mindestens 59 Häftlinge auf dem Gelände, ehe am 10. April alliierte Streitkräfte nach Ahlem kamen.

BEEINDRUCKENDES MUSEUM Das ehemalige Direktorenhaus und das Mädchenhaus stehen heute noch. Im Direktorenhaus ist ein Museum untergebracht. Weiß getünchte hohe Wände, in jeder der drei Museums-Etagen sind einige Schauvitrinen aufgebaut, in denen ganz banale Dinge liegen. Ein Gärtnermesser, ein paar Tagebücher des Gärtners, ein Zeugnis. Viele weniger banale Informationstafeln hängen an den Wänden. »Es liegt meines Erachtens gar kein Grund vor, einen Juden freundlich zu behandeln [...]

Jede Rücksicht ist fehl am Platze.« Das hat Gauleiter Hartmann Lauterbacher am 4. Okt. 1941 zu Bürgermeister Henricus Haltenhoff gesagt. Bilder und Texte von vor und nach 1933 informieren über das Leben und Sterben auf dem Schulgelände. Neben dem Museum ist die Gedenkstätte Ahlem, dort wurde auch eine Wand errichtet. Sie ist sehr lang und es stehen viele Namen darauf.

Das besondere Erlebnis

Wer gerne Rittergüter besichtigt, wird in und um Goltern gleich mehrfach fündig. In Goltern direkt liegen die Güter Großgoltern und Nordgoltern. In Eckerde I und II sowie das Gut von Holle und in Stemmen das Gut Stemmen. Wer dann immer noch nicht genug hat, findet in Witringhausen das gleichnamige Rittergut. Teilweise können sie besichtigt werden, da sie als Gasthäuser genutzt werden.

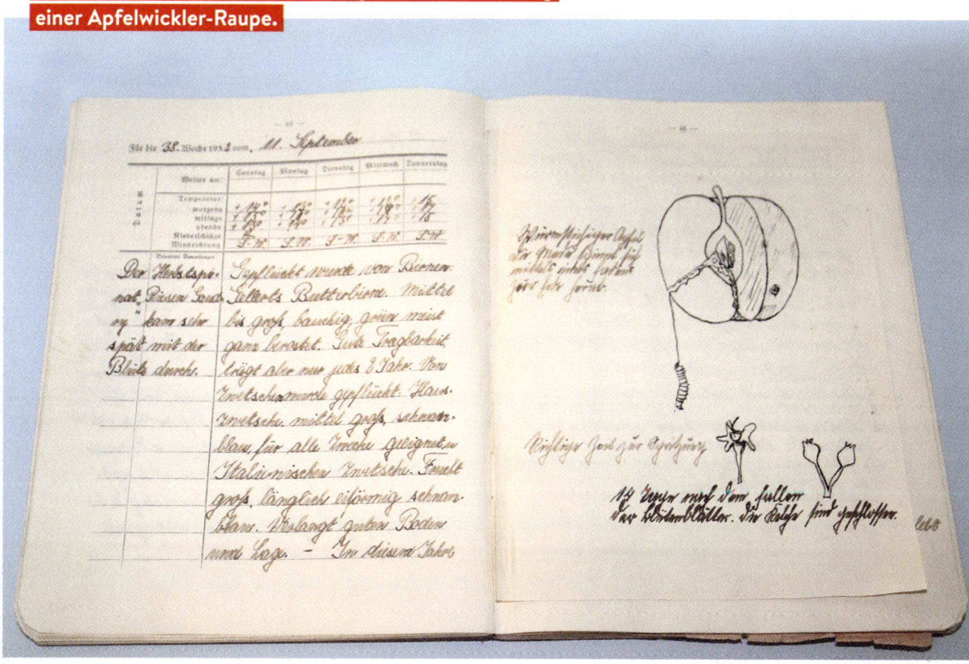

Das Tagebuch eines Gärtnerlehrlings mit der Zeichnung einer Apfelwickler-Raupe.

Der Döhrener Turm: Hier tummeln sich die Retter Hannovers.
Ob das alles so stimmt?

16

DIE HANNOVERSCHEN SPARTANER

Die Sage um den Döhrener Turm

Das Verhältnis zwischen Hannover und Braunschweig war schon immer angespannt. Das hat nicht nur etwas mit der Rivalität in Sachen Fußball zu tun.

Ort Hildesheimer Straße, 30519 Hannover **GPS** 52.347062, 9.760516
Anfahrt Linien 1 Sarstedt, 2 Rheden, 8 Messe/Nord bis Haltestelle Fiedelerstraße

EIN KREUZSTEIN MIT UNGEREIMTHEITEN Wer sich den Kreuzstein (siehe Kapitel Flammen über der Stadt) an der Ecke Osterstraße/Breite Straße ansieht, der kann darauf folgenden Spruch entziffern: »gi rikn unn armen lat ju desen dot erbarmen mcccclxxx.« Übersetzt ins heutige Deutsch bedeutet dies: »Ihr Reichen und Armen, lasst euch diesen Tod erbarmen 1480.« Über der Inschrift ist eine Kreuzigungsgruppe mit Christus am Kreuz, Maria und Johannes ausgearbeitet, unterhalb knien betend sieben bärtige Gestalten.

DER SIEBENMÄNNERSTEIN Die Männer auf dem Relief bringen uns in den Stadtteil Döhren und zu einem markanten Turm, der auf einer Grünfläche inmitten der Hildesheimer Straße steht. Vor langer Zeit gab es diese Hauptverkehrsader nicht, es gab aber eine Handelsstraße. Der Wartturm war Teil der Landwehr, etwa eine halbe Wegstunde außerhalb der Stadtmauern gelegen. Weiterhin diente er als Zollstation und dank des benachbarten Wirtshauses auch als Rastplatz. An einem Tag im Jahr 1480 – so will es die Legende – tauchte ein Trupp Männer auf, der nicht vorhatte Zoll zu zahlen oder kostenpflichtig ein Mahl zu genießen. Es war die Armee des Bischofs von Hildesheim, der sich mit dem Welfenherzog aus Wolfenbüttel und dem Braunschweiger Fürsten verbündet hatte, um gegen Hannover in den Krieg zu ziehen. Die Feinde griffen den Turm an, doch die sieben Männer in ihm verteidigten sich wacker. Geschützt durch enge Schießscharten brachten sie dem Gegner hohe Verluste bei. Schließlich gelang es dem Widersacher, den Wartturm in Brand zu setzen und die Besatzung zu töten. Für die Hannoveraner waren diese Männer Helden, hatten sie doch den Angriff auf die Stadt lange hinausgezögert, damit die Wehrbereitschaft verstärkt werden konnte. Ihnen zum Gedenken wurde der Siebenmännerstein gehauen. Seinen Platz bekam der Kreuzstein an der

Der Döhrener Turm um 1820

Diese Männer sollen Hannover vor einem Angriff der Braunschweiger geschützt haben.

Marienkapelle (unweit des Aegidientors), später wurde er an der Aegidienkirche aufgestellt. Das heute zu sehende Relief ist eine Kopie.

DER DÖHRENER TURM hieß natürlich nicht immer so. Sein Vorgängerbau, falls die Legende stimmt, wurde 1382 erbaut. Er hat einen Innendurchmesser von 4 Metern, dabei eine Wandstärke von 1,3 Metern und 3 ursprüngliche Etagen. Das markante Fachwerk-Stockwerk erhielt er erst ab 1888 bei einer Sanierung, zuvor hatte er ein hohes Spitzkegeldach. Vor dem Turm wurde der Cord-Borgentrick-Stein aufgestellt. Der hat Hannover ebenfalls vor Feinden gerettet. Wieder waren es die Braunschweiger, dieses Mal unter Herzog Heinrich dem Älteren. Der Ölmüller war etwas zu spät dran, das Stadttor bei seiner Rückkehr bereits verschlossen. Er übernachtete also vor der Mauer und entdeckte als Händler getarnte Soldaten, die mit ihrem Planwagen nach Öffnung des Tors die Stadt überfallen wollten. Im Hintergrund lauerte eine Armee. Borgentrick warnte den Wächter des Aegidientors und rettete so Hannover. Hier ist das genaue Datum bekannt: Es war der 23. November 1490. Doch wie steht es um den Wahrheitsgehalt bezüglich der sieben Helden? Der Hildesheimer Bischof hat tatsächlich Hannover angegriffen, allerdings war das 1486. Nun, es waren kriegerische Zeiten, da kann man schon mal was durcheinanderbringen. Vielleicht ist das dem Schriftsteller Wilhelm Blumenhagen passiert, der um 1820 die Geschichte der Hannoverschen Spartaner, also der Turmbesatzung, geschrieben hat. Wer weiß?

Das besondere Erlebnis

Wenn man den Döhrener Turm besichtigt, kann man schon Kopfschmerzen bekommen. Schließlich fahren ziemlich viele Autos und auch die Straßenbahn vorbei. Ein wenig Erholung verschafft da der nicht allzu bekannte, weil fast versteckte Arthur-Menge-Brunnen. Gegenüber dem Turm führt ein Weg namens Landwehrgraben in ein Wäldchen. Etwa auf halben Weg zwischen Turm und Vierthaler Teich ist er zu finden. Der Brunnen verspricht an heißen Tagen Kühlung und der Verkehrslärm kommt nur gedämpft ans Ohr.

Hier rauschen auf vier Spuren Autos vorbei und auf zwei Spuren Straßenbahnen.

Es ist kaum vorstellbar, dass hier eine riesige Sprengstofffabrik stand.
Die Natur hat sich das Gelände zurückgeholt.

DAS UMLAND

17

VON IRRGLAUBEN UND GOTTESURTEILEN

Der letzte Hexenbrand des Amtes Langenhagen

Am 8. Januar 1648 wurde eine Frau auf dem Richtplatz des Amtes Langenhagen erwürgt, danach wurde ihr Körper auf dem Scheiterhaufen verbrannt. Das geschah wegen eines Verbrechens, das sie nicht begangen hat.

Ort Clusberg, 30855 Langenhagen **GPS** 52.438219, 9.709078
Anfahrt RB 38 nach Uelzen bis Langenhagen Mitte, weiter mit Bus 470 Hannover/Stöcken bis Haltestelle Schmiedeweg. Zu Fuß zurück bis Straße Clusberg. Mit dem Auto über die Vahrenwalder Straße bis Hermannsburger Straße, weiter folgen bis Kapellenstraße

Alheit Snur kannte diese Kapelle nicht, nur den Vorgängerbau.

GOTTGEGEBENES UNWISSEN Es ist allgemein bekannt, dass die Kirche eine problematische Vergangenheit zu bewältigen hat, die man oftmals nicht gerade als christlich bezeichnen kann. Da wäre zum Beispiel der Umgang mit der Wissenschaft zu nennen. Es gab eine kirchliche Weltsicht, die sich zum einen aus der Bibel ableitete, zum anderen aus den Diskussionen zwischen nichtforschenden, aber hochrangigen Klerikern, die das Ergebnis dann als gottgegeben und unfehlbar deklarierten. Des Weiteren gab es Wissenschaftler, die teilweise recht gefährlich lebten, weil sie das Weltbild der Kirche in Frage stellten. Einer der berühmtesten Fälle dürfte der von Galileo Galilei sein, der wegen seiner Forschungen ins Visier der Kirche geriet. Desgleichen wurde die medizinische Wissenschaft abgelehnt, Krankheiten waren gottgegeben und somit auch der Tod an einem Knochenbruch oder einer Entzündung. Hildegard von Bingen kannte zwar schon viel früher Heilmittel, doch in jener Zeit galten die als Hexerei. Ärzte waren damals meist unwissende Menschen, die von angenommenen bösen und guten Körpersäften redeten und von der menschlichen Anatomie keinerlei Ahnung hatten. Wie auch, forensische Untersuchungen, wie eine Autopsie, waren Frevel und deswegen verboten. Auch über die Ursachen und Heilung von Krankheiten wussten sie nichts. Also wurden die Patienten zur Ader gelassen, was das Zeug hielt, oder geschröpft und offene Wunden mit Tierkot und Urin behandelt. Falls der Patient starb, dann war das ... gottgegeben. Auch wenn sich die Ärzte in der Frühen Neuzeit durchaus als aufgeklärt bezeichneten, ihr Unwissen brachte öfter den Tod als eine Heilung. Dieses Kapitel handelt von so einem Mediziner und seiner Kinderfrau, die als die letzte Malefikantin in die Geschichte einging, die in Hannover verbrannt wurde.

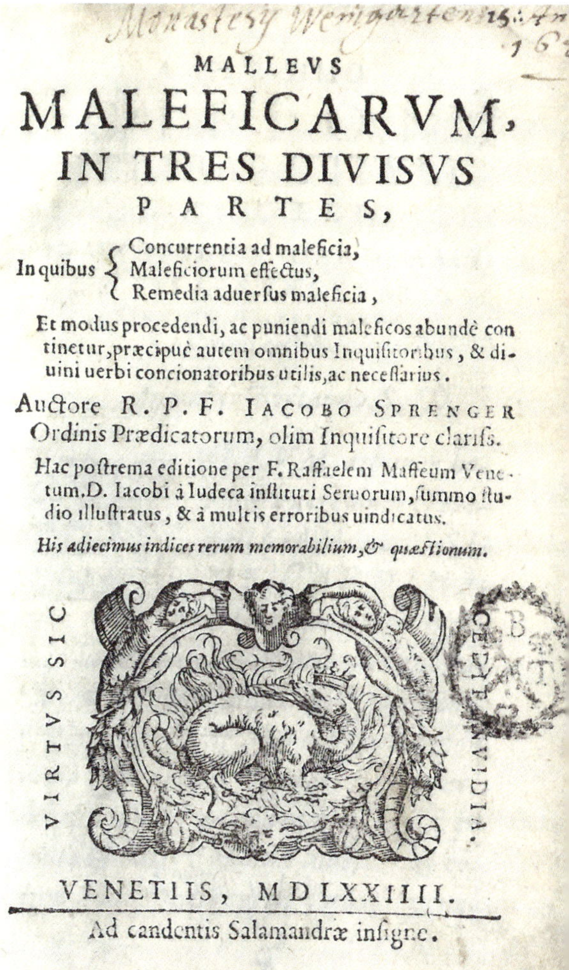

MALLEVS
MALEFICARVM,
IN TRES DIVISVS
PARTES,
In quibus { Concurrentia ad maleficia, Maleficiorum effectus, Remedia aduersus maleficia,
Et modus procedendi, ac puniendi maleficos abundè continetur, præcipuè autem omnibus Inquisitoribus, & diuini uerbi concionatoribus utilis, ac necessarius.
Auctore R. P. F. Iacobo Sprenger Ordinis Prædicatorum, olim Inquisitore clariss.
Hac postrema editione per F. Raffaelem Maffeum Venetum, D. Iacobi à Iudeca instituti Seruorum, summo studio illustratus, & à multis erroribus uindicatus.
His adiecimus indices rerum memorabilium, & quæstionum.
VIRTVS SIC ... INVIDIA.
VENETIIS, MDLXXIIII.
Ad candentis Salamandræ insigne.

Das Titelblatt des »Malleus maleficarum«, auch bekannt als »Der Hexenhammer«

DAS HANNÖVERSCHE HEXENWESEN In Hannover starben zwischen 1514 und 1647 etwa dreißig Menschen wegen angeblicher Hexerei auf dem Scheiterhaufen oder schon davor an den Misshandlungen, die sie während des Verhörs und im Gefängnis erleiden mussten. Dazu ist die Information hilfreich, dass jemand, der ins Verlies gesperrt wurde, jedes Recht verlor. Die Aufseher konnten mit dieser Person machen, was sie wollten.

ALHEIT SNUR UND IHR HERR Alheit Snur war bei ihrer Inhaftierung im (fast) biblischen Alter von 60 Jahren. Doch was war passiert? Beginnen wir von vorn. Geboren wurde sie 1588 in Godshorn (heute ein Ortsteil von Langenhagen). Über ihr frühes Leben ist nichts bekannt. Ab 1641 verdingte sie sich als Kinderfrau (Kindermädchen würde nicht mehr passen) bei Joachim Läger, einem Arzt und Apotheker, der in der Calenberger Neustadt praktizierte. 1646 erkrankte Läger. Woran, wusste der Mediziner selbst nicht. Wie das Leben in der Frühen Neuzeit so war, gab es jemanden, der Alheit verdächtigte, daran schuld zu sein. Schnell sprach sich das Gerücht herum, und schon wurde die Frau mit schwarzer Magie in Verbindung gebracht. Wie Läger auf die Idee kam, dass Alheit ihm beim Frühstück ein schwarzes Pulver verabreicht haben soll, ist seiner Autobiografie nicht zu entnehmen. Er entließ die Kinderfrau, ohne sie ausreichend zu bezahlen, worauf sie ihn wüst beschimpft habe. Von »lauten Rachegelüsten« schrieb Läger. Er nannte es Schadzauber, da sich daraufhin seine Krankheit verschlimmerte. Alheit zog sich in ihren Geburtsort zurück, doch sie war bereits in das Visier der Hexenjäger geraten. 1647 wurde sie angeklagt und verhaftet. Wahrscheinlich ist, dass Alheit eine gläubige Christin war, denn sie verlangte einem Gottesurteil, einer Wasserprobe, unterzogen zu werden. Ob es die heiße Wasserprobe war, bei der sie einen Gegenstand aus einem Kessel kochendem Wasser holen musste, oder die kalte, bei der man über Kreuz gefesselt in ein Gewässer geworfen wurde, ist nicht überliefert. Bei der ersten Probe wurden die Verbrühungen versiegelt; wenn sich nach einer festgelegten Zeit kein Eiter gebildet hatte (was eher unwahrscheinlich war), war man unschuldig. Bei der zweiten Probe galt: »Lass das Wasser nicht empfangen den Körper dessen, der vom Gewicht des Guten befreit durch den Wind der Ungerechtigkeit emporgetragen wird.« Zu Deutsch: »Böses geht nicht unter und wer versinkt, ist unschuldig«, was auch nicht hilfreich war, weil die Inquisitoren eine Weile abwarteten, ob sich das Böse nicht tarnt und die Hexe doch wieder auftaucht. Das ertrunkene Opfer wurde freigesprochen. Es gibt bestimmte Fesseltechniken, bei denen der Proband ein Hohlkreuz bekommt und deshalb schwimmen kann. So muss es auch bei Alheit gewesen sein. Sie überlebte die Wasserprobe, weshalb sie Schlimmeres erwartete.

HOCHNOTPEINLICHE BEFRAGUNG Ein Hexenprozess lief meist so ab, wie es im Malleus maleficarum (dem Hexenhammer) festgelegt war. Dieses unsägliche, 1486 erschienene Buch wurde von einem Dominikaner, Theologen und Inquisitor namens Heinrich Kramer (Henricus Institoris) geschrieben. Es ist ein wüstes Werk voller unbewiesener Behauptungen, in dem in drei Teilen dargelegt wird, wie Malefize wirken, wie man sich vor Schadzauber schützen kann. Ein Teil enthält die Anweisung, wie ein ordentlicher Prozess zu führen ist. Bis zum Erscheinen des Werks galt ein Unschuldsbeweis als sicher, wenn das Opfer nach der ersten Foltersitzung nicht gestanden hatte, Kramer legitimierte mit seinem Buch so viele Foltersitzungen, bis der Angeklagte seine »Vergehen« einräumte. Der Mönch war ein ausgewiesener Frauenhasser. Alheit Snur hielt der ersten Folter noch stand, bei der zweiten räumte sie alles ein, was ihr vorgeworfen wurde. Und wie üblich presste man ihr auch Mitkomplizinnen heraus. Eine Frau namens Anna Maria wurde daraufhin ebenfalls wegen Hexerei angeklagt und mit ihr hingerichtet. Die Prozessakten gibt es nicht mehr, die Angaben beziehen sich auf die Autobiografie des aufgeklärten Arztes Joachim Läger. Der Begriff »(hochnot)peinliche Befragung« ist übrigens abgeleitet von dem Wort Pein, was bedeutet, dass bei der Anhörung schmerzhafte Methoden angewandt wurden. Nach einer solchen Prozedur waren selbst Freigesprochene schwerstbehindert. Dennoch mussten sie oder ihre Angehörigen für ihre Verhandlung und für Kost und Logis aufkommen. Alheit Snur wurde am 8. Januar 1648 auf der Hinrichtungsstätte des Amtes Langenhagen (die heute von Straßen und Häusern überbaut ist) erwürgt und dann verbrannt. Anna Maria wurde enthauptet und ebenfalls auf den Scheiterhaufen geworfen. Die Beschreibung seiner Symptome deutet darauf hin, dass Läger unter Trigeminusneuralgie litt, einer sehr schmerzhaften Erkrankung des Gesichtsnervs Nervus trigenimus. Galileo Galilei wurde übrigens im Jahr 1992 von der Kirche rehabilitiert, obgleich zu diesem Zeitpunkt schon einige Jahre klar war, dass sie Unrecht hatte. Von Alheit Snur ist dagegen nichts geblieben. Es gibt keinen Gedenkstein, kein Geburtshaus mehr. Sogar die Kapelle in ihrem Heimatort Godshorn wurde durch einen Neubau ersetzt. Der entstand 1746 auf den Fundamenten der alten Kapelle. Im Inneren gibt es aber Gegenstände, die auch Alheit noch gekannt hat: ein Vortragekreuz, die Statue eines Apostels und die Darstellung der Anna selbdritt. Und vielleicht kann man Alheit eine Kerze widmen und ein Gebet für sie sprechen. Zudem ist die Kapelle sehr sehenswert.

Das besondere Erlebnis

In der Superfly Trampolinanlage in der Vahrenwalder Straße 286 geht es um das Trampolin. Es ist die größte Trampolinanlage Hannovers. Es werden Kindergeburtstage veranstaltet sowie verschiedene Spezialangebote.

Das Eingangsportal der evangelischen Godshorner Kapelle

Das Delmer Land war einst einer der Schauplätze der Hildesheimer Stiftsfehde.

18

DIE FEHDE

Das untergegangene Dorf Delm

Das Dorf wurde im Krieg verlassen und zerstört. In den Herzen der Delmer lebt es bis heute weiter.

Ingeln-Osselse, Laatzen **Ort** Pfingstangerweg, 30880 Laatzen **GPS** 52.262307, 9.892279
Anfahrt Mit dem Auto über B 6 bis Oesselser Straße in Laatzen, weiter bis K 266 und Gleidinger Straße bis Pfingsangerweg. Zu Fuß bis Delmer Eichen.

EIN BEKANNTES SPRICHWORT Im 18. Jahrhundert schrieb Giuseppe Sarti die damals beliebte Oper »Fra i due litiganti il terzo gode«, was mit »Wenn zwei sich streiten, zieht der Dritte den Nutzen« übersetzt werden kann. Wenn zwei sich streiten, freut sich der Dritte, das ist im deutschsprachigen Raum eine weit verbreitete Redensart, die wohl ihren Ursprung im Titel der Oper hat. Doch nicht immer zieht der Dritte auch den Vorteil, manchmal werden unschuldige Dritte in den Streit hineingezogen, was durchaus schreckliche Folgen für sie haben kann.

DIE HILDESHEIMER STIFTSFEHDE Eine Fehde bezeichnete im Mittelalter und in der Frühen Neuzeit eine gewalttätige Auseinandersetzung zwischen Personen, zum Beispiel Adligen, Klerikern oder freien Bürgern. Man könnte den Begriff durchaus auch mit Selbstjustiz oder Blutrache gleichsetzen, zumindest war das einige Zeit der Fall. Im Jahr 1516 brach zwischen dem Hildesheimer Stiftsadel, also dem geistlichen Adel, und dem Hildesheimer Fürstbischof Johann IV. von Sachsen-Lauenburg ein Streit aus. Anfangs noch lokal begrenzt, wurde daraus ein Krieg zwischen Territorialfürsten des Untersächsischen Reichskreises. Dieser umfasste den östlichen Teil des heutigen Bundeslandes Niedersachsen (historisch betrachtet war das Ostfalen), Teile von Sachsen-Anhalt, Holstein, Brandenburg, Thüringen sowie Hamburg und Bremen. Die Hildesheimer Stiftsfehde zu erklären, würde den Rahmen dieses Buches sprengen. Dafür gibt es für Interessierte reichliche Literatur in Buchform und im Internet. Die Fehde begann, als der klamme Fürstbischof vom Stiftsadel einige verpachtete Ländereien zurückforderte. Doch für den Stiftsadel waren die Güter eine zu wichtige Einnahmequelle, als dass er diese zurückgeben wollte. Heinrich der Jüngere von Braunschweig-Wolfenbüttel suchte einen Grund, das verfeindete Hildesheim anzugreifen, und verbündete sich mit Mitgliedern des Stiftsadels. Drei Jahre schwelte dieser Streit, eine Einigung war nicht in Sicht. 1519 brach schließlich ein blutiger

Das Dorf Delm wurde während des Kriegs zur Wüstung. Und doch lebt es auch heute noch.

Krieg los, der bis 1523 andauerte und mit dem Quedlinburger Rezess endete.

TOD UND ZERSTÖRUNG Um auf das eingangs erwähnte Sprichwort zurückzukommen: Ja, es gab Nutznießer, wie Heinrich den Jüngeren, und es gab jede Menge Verlierer. Das Hochstift Hildesheim besaß vor dem Krieg zweiundzwanzig Ämter (historische Verwaltungsgebiete), von denen dem Hochstift nur Hildesheim, Peine, Steuerwald, Marienburg, etwa neunzig Dörfer, die Dompropstei blieben. Der Rest ging an das Fürstentum Braunschweig-Wolfenbüttel. Wie es in dieser Zeit üblich war, verlor auch das Volk. Ganze Dörfer und Städte wurden niedergebrannt, Frauen und Kinder vergewaltigt, Unschuldige ermordet. Auf hannoverschem Gebiet fanden mehrere Schlachten statt, viele Gemeinden, darunter auch das Dorf Delm, fielen dem Krieg zum Opfer.

DAS DELMER LAND Delm lag etwa drei Kilometer südlich von Ingeln, das heute als Ingeln-Oesselse ein Stadtteil von Laatzen ist. Die Bewohner flohen während der Hildesheimer Stiftsfehde in die benachbarten Orte, hauptsächlich nach Hotteln und Ingeln, aber auch bis nach Sarstedt. Nach seiner Zerstörung wurde Delm nicht wieder aufgebaut, doch es existiert bis heute. Die Gemeinde kann kein einziges Gebäude aufweisen, hat jedoch einen Bürgermeister. Es handelt sich um eine sogenannte Realgemeinde, eine Grundgenossenschaft, die das 2,8165 Hektar umfassende Delmer Land verwaltet und bewirtschaftet. Das ist in Deutschland zwar nicht einzigartig, allerdings gibt es nicht allzu viele solcher Gemeinden. Der Gemeindevorsteher stammt übrigens traditionell aus Ingeln, der Schatzmeister aus Hotteln. Wer jetzt auf die Idee kommt, hier mit einzusteigen, der muss schon einen alteingesessenen Ehepartner aus einem dieser beiden Orte heiraten, denn Delmer zu sein, kann ansonsten nur ererbt werden.

WAS VOM KRIEG ÜBRIG BLIEB Heute erinnern die drei Delmer Eichen an den Ort. Sie stehen in einem durch Hecken eingefriedeten kleinen Park auf dem untergegangenen Dorf. Die Baumgruppe ist als Naturdenkmal eingetragen. Zudem gibt es zwei Hinweistafeln, die die Geschichte Delms darlegen. Delm liegt geradeso noch auf hannoverschem Gebiet, der Feldweg, der an der Wüstung vorbeiführt, gehört schon zum Landkreis Hildesheim. Übrigens gewannen die Hildesheimer einen langen Rechtsstreit, der den Quedlinburger Rezess weitgehend aufhob und sie so fast alle Ämter und Städte zurückbekamen. Dies allerdings erst 1643, zwanzig Jahre nach dem Ende der Hildesheimer Stiftsfehde.

Das besondere Erlebnis

Am Fastnachtswochenende ziehen wilde Gestalten durch Hotteln, versohlen manches Hinterteil und färben die Haare der Passanten und Zuschauer bunt ein. Dabei sammeln sie Spenden, genau gesagt Eier und Würste, und laben sich an bereitgelegten Snacks und alkoholischen Getränken. Jedes durchreisende Auto wird angehalten, im Zuge dessen sollten einige Münzen die Besitzer wechseln. Bei den wild verkleideten Gestalten handelt es sich um die Hottelner Junggesellen, die den Fastnachtszug veranstalten und im Anschluss Eier und Würste braten, um sie zu verspeisen. Zu diesem Spektakel gehört auch eine Jungfrauenversteigerung (bei der ausschließlich Mitglieder der Junggesellenschaft mitbieten können). Der Gewinner der Auktion beendet mit dem Tanz mit der Jungfrau die Fastnacht. Die Erwählte hat übrigens oft keine Ahnung, wer sie ersteigert hat, für den Tanz bleibt die Verkleidung nämlich an.

Die Delmer Eichen stehen auf Hannoverschem Gebiet, der Weg davor gehört zum Hildesheimer Land.

19

DIE NAZIS UND DIE BIENEN

Die Autobahn, die im Libellenteich endet

Das Deutsche Reich baute ab dem Jahr der Machtergreifung Hitlers, 1933, die ersten Autobahnen. In der Propaganda sollten sie der Weltwirtschaftskrise Anfang der 30er-Jahre entgegenwirken. Ebenfalls als Stimmungsmache kann man die Behauptungen einstufen, dass Adolf Hitler der Erfinder dieser Schnellstraßen war.

Resse, Gemeinde Wedemark **Ort** Moor-Erlebnispfad Resse, Osterbergstraße 30900 Wedemark **GPS** 52.502252, 9.612094 **Anfahrt** Linie 6 Hannover/Nordhafen bis Endhaltestelle, dann mit Bus 460 Mandelsloh Reithalle bis Haltestelle Resse Osterbergstraße. Zu Fuß bis Parkplatz Moor-Erlebnispfad. Mit dem Auto über Goseriede und B 6, Stellinger Straße, Resser Straße und Engelbosteler Straße bis Leipziger Straße in Wedemark nehmen, dann Osterbergstraße bis Parkplatz Moor-Erlebnispfad.

Überbleibsel des Autobahnbaus.
Im Hintergrund ist ein Stück Autobahn erkennbar.

HITLER ALS ERFINDER DER AUTOBAHN? Die Annahme, dass Hitler die Autobahn erfunden hat, ist falsch, denn bereits 1924 wurde das erste Teilstück einer 2-spurigen gebührenpflichtigen Straße in Betrieb genommen. Die Autostrada dei Laghi führte von Mailand nach Varese, damit die Großstädter schnell zum Lago di Varese oder dem Lago Maggiore gelangen konnten. Der Begriff Autobahn leitet sich davon ab, dass nur Kraftfahrzeuge sie benutzen durften. Für Fußgänger und Pferde- oder Ochsenkarren war die Straße tabu. Es gab bereits Zu- und Abfahrten, aber auch Kreuzungen. Die Maut musste an einer Raststätte entrichtet werden. Hier sollte noch erwähnt werden, dass der Autoverkehr zu diesen Zeiten sehr übersichtlich war.

HITLER WAR KEIN RENNFAHRER 1909 war man im Kaiserreich nicht erbaut darüber, dass die Deutschen bei sogenannten Automobilsportveranstaltungen von Misserfolg zu Misserfolg stotterten. Deswegen wurde die Automobil-Verkehrs- und Übungsstraße GmbH (AVUS) gegründet. Die sollte eine Renn- und Übungsstrecke bauen. Bedingt durch den Ersten Weltkrieg wurde das Unternehmen erst 1921 fertiggestellt. Diese weltweit erste allein für den Kraftfahrzeugverkehr zugelassene Straße führte mit schlicht und einfach 2 leichten Kurven über 8,3 Kilometer vom Berliner Funkturm bis zum Bezirk Nikolassee. Bekannt wurde die Strecke als die AVUS, auf der auch Autorennen gefahren wurden. Hitler war kein Rennfahrer. Er hatte vermutlich weder eine Fahrerlaubnis, noch konnte er Auto fahren. Es gibt kein Bild, welches das Gegenteil belegt. Mit Bauingenieurskunst beschäftigte er sich ebenfalls nicht direkt. Deshalb kann ausgeschlossen werden, dass er die Autobahn erfunden hat.

Dieser Asphaltstreifen sollte mal eine Autobahn werden.

WIE KAM ES ZUM MYTHOS DER STRASSEN HITLERS? Unbestritten ist, dass Hitler Reichsautobahnen bauen ließ. Bis zu seiner Machtergreifung gab es aber bereits die Strecke zwischen Köln und Bonn (von Konrad Adenauer eröffnet) und teilweise fertiggestellt war die Verbindung Köln–Düsseldorf. Diese Straßen hatten keinerlei Ähnlichkeit mit zum Beispiel der A 7. Es gab nämlich keine getrennten Fahrbahnen. Demnach muss man diese Trassen eher mit heutigen Bundesstraßen vergleichen. Allerdings waren sie schon kreuzungsfrei, Brücken oder Unterführungen verbanden die Zu- und Abfahrten mit anderen Straßen. Geplant war eine Autostraße von den Hansestädten im Norden nach Frankfurt und Basel. Konzeptionell wurde dieser sogenannte HAFRABA-Plan in der Weimarer Republik entwickelt. Die Nationalsozialisten übernahmen nach ihrer Machtergreifung den Bau der Autobahnen und den HAFRABA-Plan. Und wie kam es zur Bezeichnung »Straßen Adolf Hitlers«? Das ist einfach erklärt: durch Geschichtsfälschung. Der Generalinspektor für das deutsche Straßenwesen, Fritz Todt, gab 1934 folgende Propaganda von sich: »Die Reichsautobahnen, wie wir sie jetzt bauen, haben nicht als von der ›HAFRABA‹ vorbereitet zu gelten, sondern einzig und allein als ›Die Straßen Adolf Hitlers‹.«

WIRTSCHAFTSAUFSCHWUNG ODER KRIEGSVORBEREITUNG? Sicher ist demnach, dass die Nationalsozialisten den Bau vorantrieben. Doch welches Interesse hegten sie? Sollte mit dem Bau wirklich der Weltwirtschaftskrise entgegengewirkt werden? Oder gab es schon Pläne für den späteren Zweiten Weltkrieg? Bei diesen Absichten wären die Autobahnen natürlich von äußerster Kriegswichtigkeit gewesen. Fritz Todt erklärte es bereits 1932 in der sogenannten »Braunen Denkschrift Straßenbau und Straßenverwaltung« so: »Linienführung und Ausgestaltung sind nach militärischen Gesichtspunkten vorgeschlagen.« Die Wehrmacht wurde an jeder Phase der Planung und des Baus beteiligt. Es ist bis heute allerdings umstritten, ob sie tatsächlich immer beteiligt war.

Viele Hinweisschilder gibt es nicht. Und dieses führt zur Trasse.

DIE NAZIS UND DER UMWELTSCHUTZ
Was hat das Ganze jetzt mit Hannover zu tun? Die Reichsautobahn war mit dem Streckenabschnitt 24 von Westenholz ab als Umgehung für Hannover geplant. Und sie wurde niemals fertiggestellt. Doch ihr Bau wurde begonnen und noch heute findet man um Resse herum verschiedene Relikte. Nationalsozialisten und Umweltschutz? Auf diese Idee würde man sicher nicht so schnell kommen. Es ist jedoch Tatsache, dass neben der Autobahn zum Beispiel Blühstreifen für Bienen geplant waren. Auch wurden die Verkehrszeichen für Wildwechsel erfunden und Tempolimits an bestimmten Streckenabschnitten eingeführt. Die Themen Tier- und Pflanzenschutz wurden in den verschiedensten Abhandlungen behandelt. Man muss jedoch auch feststellen, dass die NSDAP keine Ahnung von einer zukünftigen Klimakrise hatte. Moore wurden trockengelegt, um das Land sinnvoller zu bewirtschaften, dies betraf zum Beispiel die Moorlandschaft rund herum um Resse. Und dies betrifft unter anderem das Schwarze Moor und das Otternhagener Moor. Die Reste der Autobahn sind ein Denkmal einer zum Glück vergangenen Zeit, welches durchaus erhaltenswert ist.

DAS HIER UND HEUTE Wenn man Google Maps in der Satellitenfunktion aufruft und den Moor-Erlebnispfad Resse sucht, erkennt man nördlich des Dorfes etwas Seltsames. Ist es etwa eine leicht geschwungene Schneise im Wald? Genau, das ist es. Folgt man online dem Waldweg nach Nordost bis zur Landstraße 380, kommt man zu einem geteerten Stück Straße. Hier wurden ein paar hundert Meter der Reichsautobahn fertiggestellt. Läuft man darauf, finden sich Wasserunterführungen und sogar alte Bauteile. Es sind Pyramidenstümpfe aus Beton mit einer Durchführung für Rohre. Vielleicht Elemente für Schutzplanken? Unwahrscheinlich, denn

Der Libellenteich erscheint als bessere Alternative zur Reichsautobahn, die niemals vollendet wurde.

solche Vorrichtungen gab es damals nicht. Dann gibt es noch so etwas wie bearbeitete Steine, die möglicherweise auf Teile einer Brückenkonstruktion hinweisen könnten. Für was waren diese Dinge gedacht? Zeit genug bleibt, um darüber nachzudenken, während man durch den Wald wandert. Zwei gemauerte Brücken überqueren Bäche, allerdings versinken sie langsam im Schlamm und im Müll. Doch zurück zum Moorlehrpfad. Hier erlebt man erst einmal ein renaturiertes Gebiet. Mit Schautafeln über Flora und Fauna, mit einem Kneipp-Moorbad, mit 70 Zentimeter Tiefe. Läuft man weiter, trifft man auf eine Stelle, an der man eine gerodete Waldfläche vorfindet. Auch nach fast 90 Jahren hat sich die Natur hier nicht erholt. Die Trasse endet, den Blick links gerichtet, in einem Teich. Dieser entstand durch Aushubarbeiten und ist mittlerweile ein wertvolles Biotop. Ein Lebensraum für Libellen und viele Tierarten, die der Mensch woanders lange schon vertrieben hat.

Das besondere Erlebnis

Schloss Landestrost in der Schloßstraße in Neustadt am Rübenberge kann während der Öffnungszeiten besichtigt werden. Darin befinden sich eine gut sortierte Weinhandlung und eine Sektkellerei.

Was vom Vergnügen übrig blieb:
Ruinen im Wald. Betreten übrigens verboten.

20

GEBRANNTE MANDELN UND PFERDEÄPFEL

Der Vergnügungspark für Pferde in Isernhagen

Jahrelang vergnügten sich hier Groß und Klein, jetzt haben nur noch ein paar Pferde Freude an diesem Ort.

Ort Steller Straße, 30916 Isernhagen **GPS** 52.449285, 9.924625
Anfahrt Mit der S 3 Altwarmbüchen bis Haltestelle Opelstraße, dann mit Buslinie 900 bis Kirchhorst Blumenhof. Mit dem Auto über A 37/B 3 bis Ausfahrt Beinhorn. Alte Schanze Richtung Kirchhorst folgen bis Steller Straße

SCHREIENDE MENSCHEN UND TROPFENDE EISTÜTEN Der Aufschrei, wenn der Waggon nach mühsamem Aufstieg sich kopfüber auf die Gipfelgerade senkt, und das Kreischen, wenn er in die Tiefe stürzt. Das krächzende Tuten von Orgelpfeifen. Das Durcheinander der Aromen von Bratwürsten auf Pappdeckeln, Liebesäpfeln, Pommes, Lebkuchenherzen und gebrannten Mandeln. Davonfliegende Luftballons und weinende Kleinkinder. Die rasselnden Ketten des Ketten-Karussells. Kinder mit tropfenden Eistüten. Unmenschliche Schreie und boshaftes Gelächter aus der furchterregenden Geisterbahn. All das konnte man im Freizeitpark Kirchhorst haben. Jetzt nicht mehr. Statt Liebesäpfel gibt es ausschließlich noch Pferdeäpfel. Denn nur eines hat überlebt. Es gab Pferde und es gibt sie heute noch. Die von früher waren aus Plastik und an ein Gestänge festgeschraubt, das sich auf und nieder bewegte. Die in der Gegenwart können wiehern

Was in dieser Bude angeboten wurde?
Das wissen sicher diejenigen, die den Park besucht haben.

und lassen die bereits erwähnten Pferdeäpfel fallen. Die Ponys von damals wurden dazu gezwungen, ständig im Kreis zu laufen, damit die kleinen Reiter ihre Freude haben. Im Hier und Jetzt haben andere Kleinpferde viel mehr Auslauf, müssen aber auch manchmal longieren. Denn aus dem Freizeitpark ist eine Reitschule geworden.

DIE ZEUGEN DER VERGANGENHEIT Vom Looping-Star für die Großen und der Marienkäfer-Achterbahn für die Kleinen über den Monster genannten Polypen bis hin zum Pferdekarussell bot der Park alles, was das Herz begehrte. Dazu kamen eine Wasserbahn, ein mit Tretbooten befahrbarer See sowie Rundfahrten mit dem Cowboy-Express oder Traktoren. Der Park wurde 1971 eröffnet und bestand bis 1985. Dreimal wurde er umbenannt. Blumenhof hieß ein Gartenbaubetrieb in der Nachbarschaft, in Anlehnung an diese Gärtnerei bekam der Vergnügungspark bei seiner Eröffnung diesen Namen. Vielleicht war das nicht spektakulär genug, sechs Jahre später wurde er in Wunderland umgetauft. Da das immer noch nicht besonders aufregend klang, wurde daraus der Freizeitpark Kirchhorst. Zugegeben, dies war jetzt reine Spekulation. Klein war er nicht, um die 100.000 Quadratmeter Fläche standen den Gästen am Ende zur Verfügung, die auf 3.000 Parkplätzen ihre Autos abstellen konnten. Und er bot sogar eine Superlative: Die Außenflächen des Restaurants wurden vom größten Sonnenschirm Europas überspannt. 37 Jahre nach dem Aus darf das Gelände heute leider nur noch von Mitgliedern der Reitschule genutzt werden. Ein Betretenverboten-Schild hängt am Eingang. Wenn man sich nicht daran hält, kommt schnell jemand, der einem das Schild in Erinnerung bringt. Auf eine Anfrage nach einer Ausnahmegenehmigung reagierte die Besitzerin nicht. Aber auch von außerhalb sind die Zeugen der Vergangenheit zu sehen. Direkt am Parkplatz war der Eingangsbereich des Parks. Ein paar halbverfallene Hütten und Buden stehen noch. Deutlich auszumachen sind das Kassenhäuschen und ein Verkaufsstand, an dem Bier, Cola und Bluna angeboten wurden. Der Schießstand, an dem man für 2,00 DM 100 Schuss abgeben konnte, sieht aus, als wäre eine Granate eingeschlagen. Ein paar Nurdachhäuser kann man nur im Winter erkennen, sie stehen nun im Wald. Ebenfalls nur dann ist die Rakete mit ihren drei Boostern zu sehen, die immer noch auf den Countdown wartet, der wohl niemals kommen wird. In Wirklichkeit war das natürlich kein Raumschiff, sondern ein Spiegelkabinett. In den Röhren konnte man sich verzerrt bewundern. Entweder als langer Lulatsch, als Zwerg oder man konnte erahnen, wie man als stark übergewichtiger Mensch aussehen würde. Wer die Marienkäfer-Achterbahn vermisste, der konnte sie bis 2014 übrigens im Rocky Mountain Adventure Park sehen (dem fortgeschrittenen Alter geschuldet aber nicht mehr benutzen). Der Looping Star wurde an das Southport Pleasureland nahe der britischen Stadt Southport verkauft. Allerdings verbreitete er dort auch keine Gänsehaut mehr, denn irgendwann war seine Zeit abgelaufen.

Das besondere Erlebnis

Wer damals als Steppke die Marienkäfer-Achterbahn als größtes bisher je erlebtes Abenteuer wahrgenommen hat, der fährt heute mit seinen Enkeln in den Heide Park Soltau, den größten Freizeitpark Norddeutschlands. Wer schließlich genügend Fahrten mit den sieben Achterbahnen hinter sich gebracht hat, kann den Tag gemütlich auf dem Dampfkarussell oder auf einer Floßfahrt ausklingen lassen.

Diese Rakete wird niemals mehr abheben.
Und sollte auch nie, sie war eigentlich ein Spiegelkabinett.

21

ZUM TANZ AUF DEN BERG

Die Gaststätte am Benther Berg

Erichs Ruh war einst ein beliebtes Ausflugslokal, für das sogar die Straßenbahn eine Linie baute. Dann kamen die Brandstifter.

Ort Vogelsangstraße, 30952 Ronnenberg **GPS** 52.340607, 9.622891
Anfahrt Linie 9 Empelde bis Endhaltestelle, ab da mit Bus 560 Barsinghausen/Bahnhof bis Haltestelle Benthe Am Steinweg. Zu Fuß über Am Steinweg und Vogelsangstraße bis Parkplatz Benther Berg. Mit dem Auto über Goseriede, Bremer Damm, B 6, Bornumer Straße und B 65 bis Gergarten in Ronnenberg. Gergarten folgen bis Vogelsangstraße

Das Terrassengeländer ist durch Hitze und Vandalismus nicht mehr im Urzustand.

EINE IDEE GEHT AUF Was liegt näher, als dort etwas zu verkaufen, wo sich viele Menschen treffen? Das dachte sich Ernst Rehbock, der den unzähligen Besuchern des beliebten Picknickplatzes auf dem Benther Berg das Mitschleppen von Getränken abnehmen wollte. Der geschäftstüchtige Geschäftsmann baute einen Getränkestand auf und die Leute kamen in Scharen, obwohl der Anstieg hinauf zum Platz recht steil war. Das geschah im Jahr 1860. 19 Jahre später besuchte Rehbock den Besitzer des Geländes, Erich von Lenthe. Er bat um die Erlaubnis, dort sein Wohnhaus und eine Gaststätte errichten zu können. Die beiden wurden sich einig und 1879 eröffnete das Gasthaus Erichs Ruh, benannt nach von Lenthe. Das Geschäft schlug ein wie eine Bombe. Immer mehr Besucher wanderten auf den Berg, sie kamen aus der Umgebung und zunehmend auch aus Hannover. Wer es sich leisten konnte, kehrte bei Rehbock ein, der ein gepflegtes Mittagessen sowie Kaffee und Kuchen anbot.

DIE LINIE 10 KOMMT NACH BENTHE 1896 wurde die neue Straßenbahnlinie 10 nach Gehrden eingeweiht, eine Haltestelle gab es auch in Benthe bei den Sieben Trappensteinen

Was war zuerst da: das Rohr oder der Stamm des alten Baumes?

Durch dieses Portal eilten früher die Gäste in Erwartung auf ein schönes kühles Bierchen oder um das Tanzbein zu schwingen.

Die Natur holt sich das ihre wieder zurück. Auch dieses kleine Mäuerchen.

(siehe Tipp). Nun konnten die Besucher viel bequemer anreisen und es kamen immer mehr von ihnen. Am Tage kamen die Ausflügler und abends traf man sich zu Musik und Tanz. Erichs Ruh wurde zum Treffpunkt junger Leute, man tanzte, sprach miteinander, verliebte sich und heiratete. Auch bekannte Persönlichkeiten, wie der damalige Stadtdirektor (zwischen 1821 und 1917 gab es keinen Bürgermeister) Hannovers Heinrich Tramm oder Kurt Schwitters, der Mitbegründer des Dadaismus, zählten zu den Gästen. Christian Rehbocks Sohn Ernst erweiterte 1913 die Gaststätte erheblich, verkaufte sie dann aber 1929 an zwei Gastronomen aus Hannover. Hermann und Ernst Werner, Vater und Sohn, bauten das Gasthaus weiter aus und errichteten dabei eine Tanzfläche, die von unten beleuchtet war. Im Zweiten Weltkrieg wurde aus der Wirtschaft ein Lazarett. Um Patienten und Personal bei

Der einstige Aufstieg zu den Bergterrassen ist heute verwildert.

Damit sich Besucher ein Bild über das Ausflugslokal machen können, hängt die Kopie eines Gemäldes am Eingangstor.

Luftangriffen zu schützen, gruben Bergleute einen Stollen unter dem Parkplatz. Nach dem Krieg wurde aus Erichs Ruh ein Waisenhaus, bis es 1948 wieder zu einem Restaurant, nun mit dem neuen Namen Benther Berg-Terrassen, wurde. 2.250 Sitzplätze gab es, 750 im Inneren, der Rest im Außenbereich. Und erneut zog es die Massen an. Auf Jahre hinaus, bis in die 1970er-Jahre des letzten Jahrhunderts, dann blieben immer mehr Gäste fern. 1974 war dann Schluss, das Lokal machte Pleite und sollte verkauft werden. Doch wie es bei leer stehenden Gebäuden üblich ist, sie ziehen Menschen an. Manche von denen hatten wenig Gutes im Sinn, einige legten Feuer. 1975 hatte schließlich ein unbekannter Brandstifter Erfolg, die Benther Berg-Terrassen brannten ab. 1989 wurde die Ruine dann abgerissen.

WAS ÜBRIG IST Der Benther Berg ist immer noch ein beliebtes Ausflugsziel, wenn auch keine Massen mehr kommen. Direkt über dem kleinen Parkplatz erblickt man Mauerreste und ein altes verschlossenes Tor. Dahinter stehen die Reste des Gasthauses. Warum der Abriss nicht vollständig durchgeführt wurde, ist nicht bekannt. Überwucherte Treppen und Ruinenreste sind immer noch da. Ein paar Meter weiter rechts lädt ein offenes Tor zur Besichtigung ein. Laminierte Blätter weisen auf die Vergangenheit hin. Vom Parkplatz gesehen links hängt eine Rundwanderwegekarte an der Stützmauer. Darauf kann man noch den Schriftzug der Gilde-Brauerei erkennen.

Das besondere Erlebnis

Die Sieben Trappen sind eigentlich acht Kreuzsteine, die oberhalb der Windmühle aufgestellt wurden. Der Sage nach schwor ein Bauer vor Gericht einen Meineid. »Bei den sieben Trappen (Fußschritten) will ich im Boden versinken, wenn ich gelogen habe.« Er versank. Die Steine stehen nach einigen Umsetzungen im Halbkreis.

Das Haus der ehemaligen Anne-Forcke-Stiftung beherbergt mittlerweile ein Hospiz.

22

DAS ENDE EINER KARRIERE

Neues Leben für das Anne-Forcke-Stift in Barsinghausen

Fast 24 Jahre lang war das Wohnstift ein beliebtes Ziel für Urban Explorer. Obwohl diese Zeit seit 2021 endgültig vorbei ist, ist die Geschichte erzählenswert.

Ort Bergstraße 27, 30890 Barsinghausen **GPS** 52.297667, 9.453532
Anfahrt S 1 Haste bis Bhf Barsinghausen, dann Bus 501 Sporthotel bis Baltenweg. Zu Fuß bis Bergstraße. Mit dem Auto über die A 2 bis Abfahrt Bad Nenndorf, dann über die Nenndorfer Straße bis Barsinghausen

SCHWESTER OBERIN Kommen wir zunächst zu Anne Forcke. Die wurde 1836 in Wittingen im heutigen Landkreis Gifhorn geboren. 1863 wurde sie zur Probe als Pflegerin am Henriettenstift, dem heute ältesten Krankenhaus Hannovers aufgenommen. Nach nur eineinviertel Jahren wurde sie als Diakonisse eingesegnet. Eine Diakonisse lebt und arbeitet in einer evangelisch-lutherischen Glaubens-, Lebens- und Arbeitsgemeinschaft in allen Berufsfeldern der Diakonie. Sie ist zwar keine Nonne im katholischen Sinn, verpflichtet sich aber wie diese auch zur Ehelosigkeit und zum Gehorsam. Ein einfacher Lebensstil gehört zu ihrem Dasein genauso wie ihre Tracht. Die besteht aus einem dunkelfarbenen knöchellangen Kleid, einer Schürze in derselben Farbe und einer weißen Haube oder einem Schleier. Das gemeinsame Leben mit den anderen Diakonissen verbringt sie im Mutterhaus. (Das männliche Pendant einer Diakonisse ist übrigens der diakonische Bruder. Viel Spaß beim Gendern!) Nachdem Anne Forcke fast an einer schweren Krankheit gestorben wäre, nahm sie die Schwester Oberin Emmy Danckwerts, eine Bekannte, unter ihre Fittiche und stellte sie sich als Gehilfin, später als Stellvertreterin zur Seite. Als die Oberin 1865 starb, war es ihr Wunsch, dass Anne Forcke ihre Nachfolgerin wird. »Von unsrer Königin mit jenen Geschäften beauftragt, ist sie (Anne Forcke) nun auch nach wohlbestandener Probezeit von der hohen Stifterin dieser Anstalt gewählt worden, mit dem Amte der Oberin betraut zu werden, wodurch zugleich der dringende Wunsch der verstorbenen Oberin erfüllt wird.« Das war ein Auszug aus der Rede des Oberkonsistorialrats und Generalsuperintendenten Dr. E. Niemann, zur Einsegnung der Oberin Schwester Anne Forcke am 15. Februar 1866.

GEWALTIGE AUFGABEN Anne Forcke war gerade einmal 27 Jahre alt, als sie zur Oberin des Stiftes wurde. Zeit ihres Lebens war sie

↓ Wie schön, dass dieses Haus wieder hergerichtet ist.
↘ Die Wandlung eines Lost Places zu einem, der genutzt wird

in keiner guten körperlichen Verfassung. Dennoch stemmte sie alle Aufgaben. Das Stift überstand zwei Kriege, den Deutschen Bruderkrieg 1866, bei dem das Königreich Hannover auf der Verliererseite war, und den Deutsch-Französische Krieg von 1870/1871. Die Auseinandersetzungen forderten Diakonissen einiges ab. Es gab unzählige Verwundete, die gepflegt werden mussten und Anne Forcke wurde im Bruderkrieg sogar nach Thüringen entsandt, um dort in den Feldlazaretten zu dienen. 1870 öffnete sich das Henriettenstift deshalb auch für weltliche Pflegerinnen. 35 Jahre nach ihrem Eintritt in das Stift wollte sie einen Ortswechsel und zog als Oberin in die Tochteranstalt Bethesda in Kirchrode. Unter der Leitung von Anne Forcke wurden beide Einrichtungen massiv vergrößert. Sie starb im Jahr 1904. Anne Forcke hatte Großartiges für ihren Orden geleistet, deswegen wurde

Viele Bilder von Anna Forcke gibt es nicht. Dieses zeigt sie als Diakonisse.

ein 1908 vom Henriettenstift eröffnetes Wohnheim in Barsinghausen für alte und kranke Schwestern nach ihr benannt. Irgendwann wird auch eine Straße ihren Namen tragen, denn 1999 hat die Stadt eine Liste von Frauen veröffentlicht, die für Hannover bedeutende Dienste geleistet haben. Nach ihnen sollen Straßen benannt werden. Noch ist es nicht so weit.

DAS ANNE-FORCKE-STIFT Das 1908 eröffnete Stift war kein einfacher Bau, es handelte sich hierbei um eine Jugendstilvilla mit 1.600 Quadratmetern Nutzfläche auf einer Parkfläche von 6.000 Quadratmetern. Vom Bau her war es ein symmetrisch gegliedertes, viergeschossiges und teilverputztes Backsteingebäude auf einem Bruchsteinsockel. Zwei vorgelagerte niedrigere Gebäudeteile fassten einen überdachten Gang ein. In der Mitte des Gebäudes ragte leicht ein sogenannter Mittelrisalit vor. Zum Haus führt eine breite Freitreppe. Früher frei auf einem Hügel stehend, bot die Villa einen weiten Blick in das Calenberger Land. 50 Zimmer gab es, mit je einer Gemeinschaftstoilette auf jedem Flur und einem Gemeinschaftsbad pro Etage. Im Laufe der Jahre wurde es mehrmals saniert, bis es schließlich 1991 als Schwesternwohnheim stillgelegt wurde. Danach nutzten der Diakonieverein Barsinghausen und die dort ebenfalls ansässige Mariengemeinde das Gebäude noch bis 1998. Seitdem stand es leer und wurde eines der beliebtesten Ziele für die Jäger von Lost Places und – wie es immer ist – für Idioten. Während die einen die Orte so verlassen, wie sie sie vorfinden, haben die anderen nur eines im Sinn: Zerstörung. Ein Zugang war leicht möglich, denn keine Absperrung, kein Verbotsschild und keine verschlossene Tür hinderten Menschen daran in das Gebäude zu gelangen. Es gibt unzählige Fotos im Netz, die leider auch den Vandalismus

Es ist schön, dass das alte Anna-Forcke-Stift gerettet wird. Ein Abriss wäre viel zu schade gewesen.

dokumentieren. Nichts in dem Haus ist davon verschont geblieben. Und auch das ist keine Seltenheit: Irgendjemand kommt und legt Feuer. In diesem Fall konnte der Brand zwar schnell gelöscht werden, aber Teile des Dachstuhls stürzten 2012 ein. »Das Anne-Forcke-Stift ist ein Wohnheim für pflegebedürftige Krankenschwestern. An seiner Erhaltung besteht aufgrund des orts- und baugeschichtlichen Zeugnis- und Schauwertes sowie der städtebaulichen Bedeutung ein öffentliches Interesse.« Das ist die Begründung des Niedersächsischen Landesamts für Denkmalpflege dafür, dass das Gebäude als hochwertiges Denkmal ausgewiesen ist. Nach dem Brand kümmerte sich jahrelang niemand darum, das Gebäudeinnere zu schützen. Auch der private Investor nicht, der das Grundstück 1993 kaufte. Der hoffte möglicherweise auf steigende Grundstückspreise und auf den Einsturz. Natürlich drang Wasser ein, Kälte und Hitze taten ihr Übriges und die Villa verfiel zusehends.

DIE RETTUNG 2017 kaufte das Barsinghausener Ehepaar Wildhagen das ehemalige Schwesternwohnheim und übertrug es an den Verein für Gemeindediakonie. Der Plan sah vor, in dem Gebäude ein Hospiz, also eine Einrichtung für die Sterbebegleitung, mit zehn Betten und Gästewohnungen für die Angehörigen einzurichten. Ein Teil des Grundstücks wurde verkauft, darauf entstanden Einfamilien- und Reihenhäuser. Im Jahr 2023 war die Sanierung abgeschlossen. Es ist wunderbar, dass dieser Lost Place wieder zum Leben erwacht ist, auch wenn er nun ein Platz zum Sterben ist. Ein schöner Platz für den letzten Atemzug.

Das besondere Erlebnis

Jeden Freitag bis Sonntag wird die Deister Freilichtbühne im Sommer bespielt. (Ludwig-Jahn-Straße 13, 30890 Barsinghausen.) Ob Komödie, Musical oder Schauspiel. Theaterfans kommen hier ins Schwärmen.

23

DAS ERMORDETE MAUSOLEUM

Eine Geschichte über Raub und Zerstörung in Hemmingen

Geiz ist geil! War das in Deutschland schon immer so?
Ein epochemachendes Gebäude verkommt zur Ruine. Schuld daran ist die Gier der Menschen wie auch deren Zerstörungswut.

Ort Im Sundern 1, 30966 Hemmingen **GPS** 52.314281, 9.737177
Anfahrt Linie 3 Wettbergen bis Haltestelle Wallensteinstraße. Dann mit Bus 300 Pattensen bis Arnum Mühlenweg. Sundernweg etwa 100 m folgen, am Waldrand links abbiegen, nach circa 600 m wieder links abbiegen, nach 100 m erneut links halten.

Die Lithografie einer Projektzeichnung des Architekten Georg Ludwig Friedrich Laves.

VON ALTEN UND LAVES Kommen wir auf zwei Männer zu sprechen, die recht bekannte Persönlichkeiten waren. Der eine insbesondere in Hannover und seiner Umgebung, der andere weit über die Grenzen hinaus. Carl von Alten (1764–1840) war als Kommandeur einer Einheit der britischen Königlich Deutschen Division maßgeblich am Sieg über Napoleon in den Koalitionskriegen beteiligt. Diese Kampfhandlungen fanden 1815 nahe der belgischen Stadt Brüssel statt und sind in den Geschichtsbüchern als die Schlacht von Waterloo bekannt geworden. Durch die Verteidigung eines Gutshofes gelang es von Alten, die Wende bei einer fast schon verlorenen militärischen Konfrontation herbeizuführen. Dafür wurde er später zum Grafen erhoben. An ihn erinnern der Von-Alten-Garten, eine Bronzestatue und ein Mausoleum in Hannover. Beziehungsweise dessen Ruine. Georg Ludwig Friedrich Laves (1788–1864) war führender Architekt des Königreichs Hannover, er beeinflusste maßgeblich die Stadtentwicklung, ebenso wie die des Umlandes. Auch er ist für viele heutige Sehenswürdigkeiten verantwortlich. Als Beispiele seien die fast 50 Meter hohe Waterloosäule oder das Laves-Haus genannt.

DAS MAUSOLEUM Laves entwarf das Mausoleum, musste sich dann aber anderen Projekten widmen. Der Architekt Conrad Wilhelm Hase ließ es erbauen. Die ursprünglich einschiffige Kapelle mit dem vorgelagerten Eingangsportal wird als Grundstein für die spätere Hannoversche Backstein-Architektur angesehen, war es doch der erste Backsteinbau der Neugotik in Norddeutschland. Als Eingang diente eine 340-Kilogramm schwere Tür aus Eichenholz.

TOTENUNRUHE Vielleicht hatten die Bewohner Hemmingens nach dem Krieg genug von den heldenhaften Taten eines Kerls, der

Nur der linke vordere Turm ist erhalten geblieben.

Auch von der Seite gesehen hinterlässt das historische Bauwerk einen traurigen Eindruck.

im letzten Jahrhundert gelebt hatte. Möglicherweise war es die Not, die sie dazu trieb. 1946 drangen Plünderer in das Mausoleum ein. Sie hatten es auf die Zinksärge abgesehen und stahlen auch Orden, den Degen und die Uniform der Leiche von Altens. Das Gebäude wurde nun zugemauert. Andere Einbrecher hofften wahrscheinlich, dass es hier noch etwas zu holen gäbe. Sie stiegen durch das Dach ein und hinterließen nur Schäden. 1958 rissen Diebe die Mauer ein, raubten wiederum die neuen Zinksärge und verstreuten die Gebeine der Toten im Wald. Von Alten wurde daraufhin in die Neustädter Kirche in Hannover umgebettet. 1973 verschwand die Eingangstür des Mausoleums. Sie wurde angeblich 2016 in einem Haus in Gehrden wiedergefunden. Vandalismus und Diebstahl von Steinen, das Mausoleum verfiel immer mehr, bis 1982 nur noch die Ruine im Wald stand. Von den ursprünglich vier Türmen ist ausschließlich einer erhalten geblieben. Um das Mausoleum herum führt ein Ringgraben, der aus einem

Der Altarm der Leine
ist vollkommen ausgetrocknet.

Altarm der Leine gespeist wurde, darüber führte eine ebenfalls von Laves entworfene Brücke. Auch sie wurde zerstört.

Das besondere Erlebnis

Georg Ludwig Friedrich Laves hat sich auch im Hildesheimer Land einen Namen gemacht, als er in Derneburg Graf Ernst zu Münsters Schloss Derneburg um einige Attraktionen erweiterte. Eine ägyptische Pyramide dient als Mausoleum der Familie zu Münster und ein Teehaus wurde als Aussichtsterrasse errichtet. Das Gebäude mit seinen dorischen Säulen wurde im Stil des antiken Griechenlands gestaltet, liegt aber heute mitten im Wald. In der Nähe hat er noch eine Brücke über die Innerste gebaut und im Ortsteil Astenbeck steht eine Turmruine. Nicht fehlen darf hier ein Museumsbesuch im Schloss, in dem der Künstler Georg Baselitz jahrzehntelang lebte. Das Museum steht auf der Weltrangliste ziemlich weit oben.

Die höhergelegte Trasse der Allertalbahn ist hier sehr gut zu erkennen.

24

EIN DEUTSCHES HELDENEPOS

Filmgeschichte zwischen Langlingen und Offensen

Es ist schon bemerkenswert, wenn kurz vor Beginn des Zweiten Weltkriegs ein deutscher Film in den Kinos anläuft, indem ein Franzose ein Held ist.

Hauptstraße zwischen den Wienhausener Ortsteilen Langlingen und Offensen, Landkreis Celle
Ort Hauptstraße 293242 Wienhausen OT Langlingen **GPS** 52.562253, 10.267330
Anfahrt Über A 37/B 3 bis Celle, rechts auf die B 214 abbiegen. Kurz nach Ortsende links auf Lange Straße abbiegen. Auf Hauptstraße bleiben, bis kurz vor Langlingen.

DIE ALLERTALBAHN Langlingen und der Wienhausener Ortsteil Offensen sind Orte an der Strecke der ehemaligen Allertalbahn (siehe Kapitel Die Brücke ins Nichts). Zwischen diesen beiden Orten wurde im Jahr 1939 ein Liebes- und Abenteuerfilm gedreht, der vorgibt in Afrika zu spielen. Der Film trug den Titel *Kongo-Express*, war mit Marianne Hoppe, Willy Birgel und René Deltgen in den Hauptrollen prominent besetzt. Die Regie führte Eduard von Borsody. Die Handlung des Films ist … nun ja interessant (könnte man sagen, wirr und unlogisch wäre wahrscheinlich angemessener).

EIN TOLLKÜHNER FLIEGER Der im südlichen Afrika lebende Flieger Gaston hat zwei Probleme: Er ist schwerer Alkoholiker und er hat seine Fluglizenz verloren. Deswegen schickt er seiner deutschen Verlobten Renate die Botschaft, dass er sie verlassen will. Renate reist nach Afrika und fährt dann mit dem Kongo-Express zu Gaston. (Wobei erwähnt werden sollte, dass die heutige Demokratische Republik Kongo eher in Zentralafrika zu finden ist, der Film aber in Südafrika spielt.) Auf der Fahrt lernt sie Viktor, einen deutschen Auswanderer, kennen, der durch und durch Gentlemen ist. Obwohl sie sich bereits ein klein wenig in Viktor verliebt hat, reist sie weiter zu Gaston, um ihn von seinem Vorhaben abzubringen. Gaston ist allerdings ganz schön heruntergekommen. Doch Renate hat ein Zauberhändchen, baut Gaston wieder auf und beide verloben sich erneut. Gaston überlegt, wer sein Trauzeuge sein könnte … und er kommt ausgerechnet auf seinen Kumpel Viktor. Die drei treffen sich auf einer Farm und Renate verliebt sich noch mehr in Viktor. Gaston trinkt an diesem Abend zu viel und fängt eine Schlägerei an, Renate ist verwirrt und will nur noch raus aus Afrika und zurück nach Hamburg. Natürlich nimmt sie dafür den Kongo-Express. Renate weiß im Gegensatz zu den Zuschauern, dem Bahnhofsvorsteher, Gaston und Viktor nicht, dass es ein Problem gibt. Auf demselben Gleis kommt nämlich ein Zug entgegen. Ein Zusammenstoß scheint unvermeidbar. Gaston und Viktor besteigen Viktors Flugzeug, um zu retten, was zu retten ist. Leider versteht der Lokführer nicht, was die zwei Typen im Flieger von ihm wollen, also springt Viktor mit dem Fallschirm gekonnt ab und muss an einem Baum hängend mit ansehen, wie der Zug an ihm vorbeifährt. Daraufhin greift Gaston nach der vermeintlich letzten Möglichkeit, er stürzt sich mit dem Flugzeug auf die Gleise, um den Zug zu stoppen. Dabei stirbt er und macht so den Weg für Renate und Viktor frei. Heldenhaft!

DER DREHORT Damit der deutsche Drehort für die Zugfahrten authentisch wirkte, musste er afrikanisiert werden. Die UFA-Filmcrew nutzte dafür einen zweihundert Meter langen Gleisabschnitt der Allertalbahn zwischen Offensen und Langlingen. Dieser wurde mit tropischen Pflanzen ausstaffiert und eine damals schon alte Dampflokomotive fuhr ständig hin und her, um die Bahnfahrten zu simulieren. Noch authentischer werden in Afrika spielende Filme, wenn Einheimische darin vorkommen. Woher die schwarzen Menschen genau kamen, kann nicht mehr aufgelöst werden, aber zu dieser Zeit gab es noch die unter anderem von der Firma Ruhe veranstalteten Völkerschauen (siehe Landkreis Hildesheim – Die L. Ruhe KG in Alfeld). Ein afrikanischer Bahnhof wurde extra für den Film gebaut, zwei weitere Bahnhöfe wurden mit Schilfmatten und ähnlichem Material angepasst. Es ist bekannt, dass die Leute im Dritten Reich noch rassistischer waren als heutzutage, so lebten die schwarzen Menschen in einem sogenannten Negerkral namens Mondombe. Die einheimische Bevölkerung glaubte erst nicht, dass die »Neger« echt waren, und hatte dann Bedenken, dass die dunkle Haut sich auf die Laken abfärben könnte.

Heute wird hier gewandert, geradelt und gerollert, früher wurde hier geschnauft.

MUSS MAN DEN FILM GESEHEN HABEN?
Ob der Film sehenswert ist? Boguslaw Drewniak, ein Filmkritiker, fand: »Der Zuschauer war vor allem mit den Liebesstrapazen der Hauptheldenbeschäftigt, aber in dem Film wurde auch das Weh nach der Ferne angesprochen, das in vielen Deutschen schlummerte. Obligatorisch waren Opferbereitschaft und Heldentum.« Auf was sich der Teil mit dem Fernweh bezog, ist nicht eindeutig nachvollziehbar. Denn dreieinhalb Monate vor der Uraufführung am 15. Dezember 1939 in Berlin hatte die Deutsche Wehrmacht Polen überfallen. Großbritannien und Frankreich hatten dem Deutschen Reich zwar schon den Krieg erklärt, aber es gab bis 1940 nur vereinzelte Scharmützel an der deutsch-französischen Grenze.

Das besondere Erlebnis

Celles Altstadt ist im Zweiten Weltkrieg nicht zerstört worden, viele der Fachwerkhäuser aus der Zeit ab dem 16. Jahrhundert stehen in den Straßen Neue Straße, Zöllnerstraße und Schuhstraße. Herausragend ist ein Gebäude an der Ecke Poststraße/Mauernstraße. Das Hoppener Haus (Bj. 1532) ist das am prächtigsten verzierte Haus der Stadt.

25

101 BÄUME

Zwei Schicksalsminuten in Eschede

Es war das schlimmste Unglück eines Hochgeschwindigkeits-Triebzugs, das bisher weltweit passiert ist. 101 Zierkirschbäume zeugen heute davon.

Ort Rebberlaher Straße 50, 29348 Eschede **GPS** 52.734736, 10.219664
Anfahrt Mit dem Zug. RE 2 Uelzen nach Eschede oder mit dem Auto über die A 37/B 3 bis Celle, dann über die B 191 bis Eschede

101 Zierkirschbäume, ein jeder steht für ein Opfer des ICE-Unglücks.

GLÜCK IM UNGLÜCK Als der ICE 787 Karl Adam unter der Brücke hindurchfuhr, ahnte kein Reisender, dass sie unendliches Glück hatten. Denn der Zug, der diese Stelle um 10:57 Uhr passieren sollte, durchfuhr sie um 10:56 Uhr. Wäre der Zugführer zwei Minuten verspätet gewesen, wäre die Katastrophe noch schlimmer geworden. Laut Fahrplan hätte ICE 787 hier einem anderen ICE begegnen sollen. Dem ICE 884 Wilhelm Conrad Röntgen. Der hatte genau eine Minute Verspätung. Am 3. Juni 1998 ereignete sich bei Eschede das schwerste Eisenbahnunglück der Bundesrepublik Deutschland und wenn man nur Hochgeschwindigkeitszüge zählt, dann sogar das größte weltweit. Die Gemeinde liegt an der Hochgeschwindigkeitsstrecke Hamburg–München. Der Triebfahrzeugführer des Unglücks-ICE hatte den Zug in Kassel Wilhelmshöhe übernommen. In Göttingen und Hannover stiegen Fahrgäste zu oder aus. Nun raste der Zug mit 200 Stundenkilometern auf Eschede zu.

DER UNFALLHERGANG Die ICE-Züge der ersten Generation fuhren auf Vollmetallreifen, das war nicht nur laut, sondern führte zu unangenehmen Vibrationen. Bahningenieure entwickelten daher gummigefederte Radreifen. Nach dem Austausch war die Reise angenehmer. Sechs Kilometer vor Eschede, bei Streckenkilometer 55,1 zerriss jedoch am hinteren Drehgestell des ersten Wagens ein Radreifen wegen Materialermüdung. Er löste sich vom Radkern, schlug gegen den Waggonboden sowie die Schwellen und bohrte sich durch den Boden des Waggons in das Abteil. Beim Überfahren der ersten von zwei Weichen südlich des Bahnhofs von Eschede sprengte der Radreifen den Radlenker, ein Radführungsbestandteil der Weiche, von der Schiene ab. Dabei entgleiste die Achse und das Metall des Radlenkers bohrte sich ebenfalls in das Innere des Wagens. Ein Rad der Achse verstellte die zweite Weiche. Der hintere Teil von Wagen 3 wurde dadurch auf das falsche Gleis gelenkt. Er schleuderte gegen den Pfeiler der Brücke der Kreisstraße 20, die die Schienen hier überquert, und riss ihn um. Die Brücke brach ein. Wagen 4, der immer noch mit 200 Stundenkilometer unterwegs war, schaffte es, die Brücke zu unterqueren, stürzte aber um und rutschte eine Böschung hinab. Etwa 200 Tonnen Baumaterial fielen auf die Wagen 5 und 6. Die restlichen Waggons schoben sich im Zickzack zusammen. In der Zwischenzeit löste sich Wagen 1 vom Triebwagen und so eine automatische Schnellbremsung aus. Die unbeschädigten Waggons 1 und 2 sowie der schwerbeschädigte Wagen 3 kamen ein paar hundert Meter nach der Brücke zum Stehen. Der vordere Triebwagen leitete ebenfalls eine Notbremsung ein. Der Zug stoppte 2 Kilometer hinter dem Bahnhof bei einem Pferdehof. Der Triebwagenführer sah zum Fenster hinaus und unterhielt sich kurz mit der Besitzerin des Hofs, die glaubte, dies wäre eine Testfahrt. Erst als er vom Fahrdienstleiter des Bahnhofs angerufen wurde, sah er, dass er seine Waggons verloren hatte. In der Gerichtsverhandlung gab er an, nur einen Ruck verspürt zu haben. Bei dem Unglück starben 101 Menschen, darunter zwei Bauarbeiter, die sich unter der Brücke aufhielten. 100 Menschen wurden schwer verletzt. Der Klang der Kollision der Waggons auf die eingestürzte Brücke habe sich angehört wie eine Bombenexplosion, sagten Anwohner aus. Innerhalb von 3,6 Sekunden bremste der Aufprall die Geschwindigkeit von 200 auf 0 Stundenkilometer ab. Um exakt 11 Uhr ging der erste Notruf in der Rettungsleitstelle ein. 2 Minuten später meldete die Polizei das Zugunglück, daraufhin wurde Vollalarm ausgelöst. Keiner der Einsatzkräfte war auf das vorbereitet, was sie gleich sehen und erleben mussten.

Die Gedenktafel versperrt den Blick auf die ICE-Strecke.

FREISPRUCH UND KNAUSRIGKEIT Gegen 3 Ingenieure wurde 2002 ein Prozess geführt, dabei kam heraus, dass für die neuen Radreifen keine Dauertests durchgeführt wurden, die die hohe Geschwindigkeit eines ICE berücksichtigten. 2003 endete die Gerichtsverhandlung durch Einstellung des Verfahrens. Die Angeklagten mussten je 10.000 DM Strafe zahlen. Eine schwere Schuld der Mitarbeiter sei in jedem Fall ausgeschlossen, hieß es in der Begründung. Der Bahnkonzern beteuerte ebenfalls seine Unschuld und wies jegliche Verantwortung von sich. Eine ehrliche Entschuldigung hat der damalige Konzernvorstand nie ausgesprochen. Genauso verhielt er sich gegenüber den Hinterbliebenen. Es wurde zwar ein Schmerzensgeld in Höhe von 500.000 DM pro Todesopfer gezahlt, aber Hotelkosten für die Angehörigen Schwerverletzter wurden nur gegen Vorlage eines ärztlichen Attests bezahlt. Später wurde öffentlich, dass die Bahn Millionenbeträge an Versicherungen überwiesen hat, um Zivilprozesse zu vermeiden. Am 15. Jahrestag der Tragödie entschuldigte sich Bahnchef Grube beim jährlichen Treffen der Hinterbliebenen in Eschede. Er war der erste Bahnvorstand, der eingeladen wurde.

GEDENKSTÄTTE ESCHEDE Es ist mit einem seltsamen Gefühl verbunden, die Gedenkstätte zu besuchen. An der Straße hinter der Brücke steht ein Tor mit einer Inschrift: »Am 3. Juni 1998 um 10:58 Uhr zerschellte an dieser Stelle der ICE 884 ›Wilhelm Conrad Röntgen‹. 101 Menschen verloren ihr Leben, ganze Familien wurden zerstört; mehr als hundert Reisende wurden schwer verletzt, viele tragen lebenslang an den Folgen. Das Unglück hat die menschliche Zerbrechlichkeit, Vergänglichkeit und Unzulänglichkeit gezeigt. Beispielhaft und aufopfernd haben Retter, Helfer und Bürger des Ortes selbstlos eine schwere Aufgabe angenommen, haben geholfen und getröstet. Durch ihren Einsatz ist Eschede auch ein Ort der Solidarität und gelebter Mitmenschlichkeit geworden.« Daneben liegen 7 Granitquader, 4 hintereinanderliegende und 3 weitere im 90-Gradwinkel, die vielleicht die Waggons eines Zuges symbolisieren sollen. Auf der gegenüberliegenden Straßenseite führt eine Treppe ins Nichts. Unter dem Tor, etwa 15 Meter tiefer, wachsen 101 Zierkirschbäume, ein Baum für jedes Opfer. Mitten darin steht eine acht Meter lange, 2,10 Meter hohe Granittafel, auf der die Namen, Geburtsdaten und die Herkunft stehen. In der Mitte findet sich diese Inschrift: »Der Lebensweg dieser 101 Menschen endete in der Zugkatastrophe von Eschede. Auf unergründliche Weise kreuzten und vollendeten sich hier ihre Schicksale. In das Leid und die Trauer um die geliebten Menschen mischt sich Dankbarkeit, ihnen im Leben nahe gewesen zu sein. Trost ist die Hoffnung: Sie ruhen in Gottes Hand.«

ANLEITUNG FÜR DAS GEDENKEN Zuerst soll der Text am Tor gelesen werden. Nach Durchschreiten des Tors steigt man die parallel zu den Gleisen verlaufende Treppe hinab zum Kirschgarten. Ein Weg durchschneidet diese Ruhezone und endet symbolisch am Rande der Bäume. Ebenfalls gleichlaufend zu den Gleisen steht die Gedenktafel, die einen Blick auf die Zugstrecke unmöglich macht. Blumen und Gestecke liegen davor. Auf Quadern können die Besucher sitzend trauern oder gedenken. Ein weiterer Weg im Kirschgarten überlagert den geraden Weg. Dieser Weg öffnet immer neue Perspektiven auf das Geschehen, er führt von der Gedenkstätte weg Richtung Bahnhof. Das andere Ende führt zu einer steilen Treppe empor zum Tor. Es soll nicht leicht sein, aus der Erinnerung an die Katastrophe und die Opfer heraus- und hinaufzusteigen. Im Tor angekommen blickt man nun auf die 4 überdimensionierten Stufen, die in den Himmel ragen. Im Tor kann man verweilen wie in einer Kapelle, die Sicht gegen Brücke und Gleise ist abgeschirmt. Die komplette Anleitung findet sich auf der Internetpräsenz der Gemeinde Eschede. Die Gedenkstätte ließ Bahnchef Grube am 15. Jahrestag des Unglücks neu errichten. Für die erste Stätte hatte man einen Kalkstein verwendet, das sogenannte Belgisch Granit, der Stein bröckelte bereits und Moos und Algen verunstalteten die Gedenktafel. Als Ersatz wurde nun bayerischer Granit benutzt.

Das besondere Erlebnis

Etwa 20 Kilometer nordöstlich von Eschede ist das Museumsdorf Hösseringen gelegen. Es bildet das bäuerliche Leben vom 16. bis ins 19. Jahrhundert ab. 26 Bauten, vorwiegend Hallenhäuser aus dem Landkreis Uelzen, wurden auf dem Gelände originalgetreu wieder aufgebaut. Die Sammlung besteht aus 45.000 Artefakten. Ein Erlebnis nicht nur für Kinder.

Das Tor, die Treppe, Kirschbäume und die wiedererrichtete Brücke.

Denkmalgeschützte Querung über die Aller, für jeglichen Verkehr gesperrt.

26

DIE BRÜCKE INS NICHTS

Ein Denkmal für die Allertalbahn in Flettmar

Die Allertalbahn gibt es längst nicht mehr, einige Streckenabschnitte wurden allerdings zu Denkmalen erhoben. Eine Brücke ist für die Dorfjugend der Treff im Sommer.

Zwischen Müden und Flettmar, Landkreis Gifhorn **Ort** Allerstraße 38539 Müden (Aller) **GPS** 52.537250, 10.328551 **Anfahrt** Über die A 37/B 3 bis Abzweig B 188 Richtung Burgdorf. In Ahnsen auf die L 299 abbiegen bis Müden (Aller). Zwischen Müden und dem OT Flettmar biegt rechts ein Feldweg ab, der 200 m parallel zur Straße verläuft. Diesen bis zum Ende fahren. Parken an der Schutzhütte.

DIE BRÜCKE Nur wenige Kilometer von Langlingen und dem Wienhausener Ortsteil Offensen (siehe Ein deutsches Heldenepos) entfernt, liegen die Gemeinde Müden (Aller) und ihr Ortsteil Flettmar direkt an der Grenze zum Landkreis Celle. Diese Geschichte hat ebenfalls etwas mit Zügen zu tun. Mit Dampflokomotiven, Schienenbussen und Güterzügen. Das Zeitalter der Dampfloks ist längst vergangen. Doch noch immer faszinieren diese Maschinen die Menschen. Ein Stück Eisenbahngeschichte findet sich zwischen Müden und Flettmar an der Aller. Dabei handelt es sich nicht um eine Zugmaschine, sondern um eine genietete Fachwerkträgerbrücke aus Eisen mit zwei Hauptträgerwänden mit einteiligem Ständerfachwerk und diagonalen Zugstreben. Was wie Beamtendeutsch klingt, ist es tatsächlich, denn so wird die Brücke vom Niedersächsischen Landesamt für Denkmalpflege beschrieben. Und auch die Denkmalbegründung ist erwähnenswert: »Bei der ehemaligen Eisenbahnbrücke besteht aus geschichtlichen und städtebaulichen Gründen ein öffentliches Erhaltungsinteresse.«

DIE EISENBAHNLINIE GIFHORN–CELLE Im Mai 1913 wurde eine neue Eisenbahnstrecke mit der Streckennummer 1724 in Betrieb genommen. Man hatte viel vor: »Die Bahnlinie wird sich mit der Zeit besser rentieren, als man von vornherein annimmt. Der wirtschaftliche Aufschwung der dortigen Gegend, die Auffindung sowohl von Kalisalzen als auch von Rohölen berechtigen zu der Hoffnung, dass die Bahn demnächst eine angemessene Rente abwerfen wird, und dass sich aus dieser Nebenbahn bald eine Vollbahn entwickeln wird.« So stand es damals in der Gifhorner Zeitung. Der Streckenverlauf folgte dem Flüsschen Aller, weswegen die Bahnlinie Allertalbahn genannt wurde. Nordwestlich des Ortes Müden überquerte sie die Aller und einige kleine Kanäle. Dazu wurde an dieser Stelle die längste Eisenbahnbrücke der gesamten Strecke gebaut. Im September 1981 war jedoch Schluss mit dem Personenverkehr, dort verkehrte bis dahin nur noch ein Schienenbus. 1993 wurde dann auch der Gütertransport eingestellt. Die Gleise wurden abgebaut, dass Gleisbett wird heute teilweise als Allertalradweg benutzt. Nicht aber bei Müden, dort führt eine Sackgasse direkt zur Brücke, die langsam vor sich hin rostet. 2010 wurden Vorschläge, die alte Brücke als Radüberweg zu nutzen, nicht in die Tat umgesetzt.

DIE HEUTIGE NUTZUNG Die Brücke wird nicht mehr genutzt. Fast, denn im Sommer ist sie ein beliebter Treffpunkt für die sehr freundliche Dorfjugend. Als der Autor und seine Frau diesen Ort besucht haben, waren wummernde Bässe und Gelächter zu hören.

↓ Als Sprungturm ins kühle Nass wird die Brücke von der Jugend genutzt.

↘ Einteiliges Ständerfachwerk und diagonale Zugstreben

Die Musik wurde sofort und ohne jegliche Aufforderung leiser gedreht und ein junger Mann bot sich an, in die Aller zu springen. Er wollte mit auf die Aufnahme. Da es ein heißer Tag war, wollte er uns sogar trockene Badesachen ausleihen. Wenn Leser*innen beim Besuch der Brücke ebenfalls einen Sprung in den Fluss wagen wollen, sollte zuerst die Wassertiefe ausgelotet werden! Von Richtung Müden aus gesehen, ist das Wasser rechts nicht tief genug! Auf der linken Seite, etwa in der Flussmitte, ist ein Sprung möglich. Erlaubt ist das Betreten der Brücke übrigens nicht.

Das besondere Erlebnis

In Gifhorn am Mühlensee gelegen, ist das Internationale Mühlenmuseum, das nach seiner Sanierung 2023 wieder eröffnen wird. Insgesamt 14 verschiedene Mühlen können dann besichtigt werden. Sie stammen aus Deutschland, den Balearen oder Frankreich. Die weitesten Wege hatten die Wassermühlen aus Taiwan und Korea. Auf dem Dorfplatz kann der Besucher Brot und Kuchen nach alten Rezepten erstehen und in das Leben der Menschen von damals eintauchen.

Die genietete Fachwerkträgerbrücke aus Eisen von unten

27

DER ASTRONAUT IM WALD

2022 – Odyssee am Rennsteig

Der Rennsteig war ein Kurierweg zwischen dem Dom in Hildesheim und der Winzenburg bei Freden in der Mitte der Strecke von Alfeld und Bad Gandersheim gelegen. Es gibt Sagen von unheimlichen Wesen, die die Kuriere bei Sibbesse überfallen haben sollen. Von außerirdischen Begegnungen wurde nicht berichtet. Doch die kann man heute haben.

Roter Berg bei Sibbesse, Landkreis Hildesheim **Ort** Roter Berg 3, 31079 Sibbesse **GPS** 52.076399, 9.904927 **Anfahrt** Mit dem Auto über die B 3 nach Alfeld und die L 485 zum Roten Berg

Ein Astronaut mitten im Wald? Das ist natürlich nur ein Wandgemälde.

RASEN, BIS DIE POLIZEI KOMMT Der Hildesheimer Wald gehört zum Weser-Leine-Bergland und ist ein Höhenzug südlich von Hildesheim. Hannoversche Motorradfahrer kennen den Berg wahrscheinlich sehr gut, denn die Landstraße 485 schlängelt sich mit einigen Haarnadelkurven und Serpentinen darüber. Es ist die Strecke zwischen der Bundesstraße 243 beim Hagebaumarkt und Alfeld. Die Rede ist vom Roten Berg. Dem einen oder anderen Fahrer wurde hier schon das Motorrad stillgelegt, weil es zum Beispiel durch Manipulation viel zu laut war. Auch einige tragische tödliche Unfälle haben sich auf der Rennstrecke ereignet. Wer von Hildesheim kommend den Pass überquert, erblickt auf der rechten Seite eine kleine von Freunden errichtete Gedenkstätte für einen aus der Region Hannover stammenden Mann. Sie sieht aus wie eine Vordergabel eines Motorrades. Kurz dahinter führt ein Weg in den Wald und dort ist ein Lost Place, den bisher nur Einheimische zu kennen scheinen. Als Bonus wird in diesem Kapitel ein weiteres Geheimnis gelüftet.

ALS DER ROTE BERG NOCH IN DER DDR STAND Wussten Sie, dass sich der Rote Berg früher mal in der ehemaligen Deutschen Demokratischen Republik erhob. Er ist natürlich nach der Wende nicht umgezogen, sondern diente als Filmkulisse in einem sehr

Auch diese Qualle schwimmt nicht durchs Meer und frisst keine Blätter.

Abstrakt, aber doch zu erkennen:
Ein ziemlich sportlicher Schlitten ist hier auf die Wand gemalt.

bekannten amerikanischen Spielfilm. Zwischen den Filmminuten 78 und 84 (die Zeiten beruhen auf der YouTube-Version des Films) fährt ein Bus über den Berg, der später von der Volkspolizei angehalten wird. Erst ist kurz der Heidekrug zu sehen, dann einige Szenen, in denen er unter anderem die Haarnadelkurve passiert. An der Abzweigung nach Gronau steigt eine Frau aus und in Sibbesse überquert der Bus die längst abgerissenen Bahngleise. Bei dem Film handelt es sich um den 1966 gedrehten Spionagethriller »Der zerrissene Vorhang« von Meisterregisseur Alfred Hitchcock. Wer das nächste Mal die Strecke fährt, sollte sich vielleicht die zwei Stunden für den Film gönnen.

DIE ALTE GASTSTÄTTE Zurück zum Lost Place. Vor langer Zeit befand sich hinter dem Pass ein Ausflugslokal, eine Waldgaststätte, die sehr beliebt war. Während des Zweiten Weltkriegs wurde sie geschlossen und angeblich sollen hier kurz auch Kriegsgefangene untergebracht gewesen sein. Spuren dafür sind nicht erhalten. Nach dem Krieg lebte der Gaststättenbetrieb wieder auf, allerdings nicht allzu lange. Im Anschluss daran zogen ein paar Damen ein, die dem horizontalen Gewerbe angehörten. Aus dem Lokal wurde – zum Ärger der Anwohner (die ziemlich weit weg wohnten!) – ein Bordell. Auch das soll sich einiger Beliebtheit erfreut haben. So lange jedenfalls, bis ein unbekannter Brandstifter dem rotbeleuchteten Treiben ein Ende bereitete. Seitdem klaffte ein Loch im Dach des Gebäudes. Regen, Schnee und der Wind nagten an dem Haus. Lange Zeit versuchte die Gemeinde Sibbesse, zu der der Rote Berg gehört, Kontakt mit dem Besitzer aufzunehmen. Der sollte die Ruine endlich abreißen, doch vergebens. Der Eigentümer weigerte sich schlichtweg. Die alte Waldgaststätte verfiel weiter. Um 2010 wurde wiederum Feuer gelegt. Der erste Stock stürzte dabei ein, nur

Manchmal werden hier Partys gefeiert.
Der Chef darf auf diesem Thron Platz nehmen, oder?

Nach zwei Bränden verfällt die Ruine zunehmend. Ein Betreten ist nicht ratsam.

das Erdgeschoss blieb stehen. Den Niedergang hat der Autor selbst erlebt, die Strecke über den Berg gehörte zu seinem täglichen Arbeitsweg. Vor einem Urlaub stand das Gebäude noch, nach dem Urlaub nicht mehr.

VON DER RUINE ZUM KUNSTOBJEKT An lauschigen Sommerabenden finden sich hier junge Leute ein, um seltsame Partys zu feiern. Jedenfalls haben sie auf der ehemaligen Terrasse eine Art Thron errichtet. Vielleicht waren sie es, die anfingen, die noch stehenden Gebäudeteile zu bemalen. Es sind keine Graffiti, einige Wände wurden großflächig mit Wandbildern bemalt. So schlängelte sich eine neugierige Krake an einer versunkenen Wandseite entlang. Leider ist der Verputz abgefallen und sie ist nicht mehr sichtbar. Dafür hat Maya, so ein Tag des Künstlers, auf einer anderen Wand einen Eisvogel gemalt. Ein schwebender Astronaut, neben ihm die Erdenkugel, ist zwar noch da, aber es sind seit dem letzten Besuch weitere Wandteile eingestürzt, sodass seine Füße hinter Schutt verschwunden sind. Die Ruine sollte keinesfalls betreten werden. Es besteht Einsturzgefahr!

Das besondere Erlebnis

Die höchste Erhebung des Hildesheimer Walds ist der Griesberg mit 358,9 Metern. Als wäre das nicht genug, steht auf seinem Gipfel der 128 Meter hohe Fernmeldeturm Sibbesse. Den Turm kann man – bei guter Sicht – sogar von Braunschweig aus sehen. Ein sehr steiler Weg führt in Verlängerung der Schlesierstraße in Almstedt hinauf. Dank des Klimawandels, und der von ihm verursachten Stürme, hat man von oben eine tolle Fernsicht. Die Strecke ist beliebt bei Mountainbikern, für Tourenräder ist sie weniger geeignet. Auch für eine längere Wanderung ist der Weg empfehlenswert. Unbedingt ein Navigationsgerät benutzen!

Hören Ratten auf Flötentöne? Eher nicht.
Kinder sind da schon ein wenig anfälliger. Der Rattenfänger von Hameln

28

DER KINDSRAUB

Die Suche nach den Hämelschen Kindern

In Sagen und Legenden steckt immer ein wahrer Kern, so sagt man. Trifft das auch auf eine der berühmtesten deutschen Sagen zu?

Ort Osterstraße 8–9, 31785 Hameln **GPS** 52.104547, 9.358531
Anfahrt Mit dem Zug: S 5 Paderborn Hbf. nach Hameln oder mit dem Auto über die B 65 und B 217 oder A 2 nach Hameln

EINE SPURENSUCHE Hameln als Lost Place zu bezeichnen, führt sicher etwas zu weit, denn um die 4.000.000 Menschen besuchen die Rattenfänger Stadt im Jahr (zu normalen Zeiten). Eine kürzere, wenn nicht gar eine längere Stippvisite lohnt, gerade die Altstadt ist wirklich reizvoll mit ihren einzigartigen Gebäude-Ensembles. Die Rattenfänger-Sage ist weltweit bekannt. Besonders die Japaner und Amerikaner lieben sie. Um diese Sage geht es in diesem Kapitel. Was steckt dahinter? Vielleicht einer der größten Kriminalfälle des Mittelalters? Oder doch etwas ganz anderes? Möglicherweise gar nichts? Eine Spurensuche mit einigen Theorien. Und somit wird Hameln zum Dark Place.

DIE SAGE VOM RATTENFÄNGER Worum geht es eigentlich? Die Gebrüder Grimm haben die Geschichte so überliefert. Die Sage wurde von den Gebrüdern Grimm in ihren Büchern verewigt. Schon vorher fanden sich viele Inschriften auf den Häusern der Hamelner, die bis auf das 18. Jahrhundert zurückverfolgbar sind. Die Räte von Hameln gingen demnach auf ein Angebot eines wunderlichen Mannes ein, der ein Gewand aus einem vielfarbigen Tuch anhatte. Der bot ihnen an, die Stadt von der Rattenplage zu erlösen. Natürlich erbat er sich für seine Dienste ein gewisses Salär, welches ihm fest versprochen wurde. Der Rattenfänger zog seine Pfeife heraus und pfiff seine Melodie. Alle Ratten und auch Mäuse kamen. Als alle beisammen waren, wanderte er spielend in die Weser, sodass die Plagen allesamt ertranken. Nun aber verweigerten die Räte der Stadt den Lohn. Wütend verließ der Mann Hameln. Doch er kam wieder. Am Tag der beiden Heiligen Johannes und Paulus erschien er mit schrecklichem Angesicht und einem roten Hut. Schon ertönten seine Pfeifentöne und dieses Mal zog er die Kinder an, die älter als 4 Jahre waren. Er führte sie zu einer Höhle, wo er mit ihnen verschwand und in Siebenbürgen wieder herauskam. Zwei Kinder kehrten zurück, doch eines war blind und wusste nicht, wo die Höhle war, das andere stumm. Nie wieder hat jemand die entführten Kinder gesehen.

SCHNELL ABGEHAKT Auf ins finstere Mittelalter. Um genau zu sein, gehen wir zurück in das Jahr 1284. Es ist der Tag, der den beiden heiligen Märtyrern Johannes und Paulus gewidmet ist, also der 26. Juni. Dokumente belegen tatsächlich, dass an diesem Tag 130 Kinder spurlos verschwanden. Doch was war geschehen? Das beschäftigt Historiker heute noch. In jenem Jahr gab es keine Rattenplage in Hameln. Es geht auch nicht aus den Büchern hervor, dass ein Rattenfänger beauftragt oder bezahlt wurde. Ratten reagieren tatsächlich auf Töne, allerdings nicht auf die Töne einer Flöte aus dieser Zeit. Das ist wissenschaftlich belegt. Den Rattenfänger können wir somit abhaken. Wahrscheinlich ist, dass es sich bei der Rattenplage um Teile einer anderen Sage handelt, die um das 16. Jahrhundert populär war. Irgendwann verschmolzen beide Geschichten zu einer.

Ratten spielen auch eine Rolle auf den Spuren der Hamelner Sehenswürdigkeiten.

DIE SCHLACHT VON SEDEMÜNDER Starben die Kinder auf dem Schlachtfeld? An einem 28. Juni fand die Schlacht von Sedemünder, einer längst wüst gegangenen Ortschaft, statt, bei der die Hamelner Bürgerwehr eine vernichtende Niederlage gegen das Heer des Mindener Bischofs erlitt. Waren die Kinder als Kanonenfutter in den Kampf geschickt worden? Es gibt Menschen, die glauben das herausgefunden zu haben. Doch es ist unwahrscheinlich, man kennt das genaue Jahr dieser Schlacht nicht (den Tag und den Monat schon), aber es gab erstens noch keine Kanonen und der Kampf fand 1259 oder 1260 statt. Es ist demnach fast ausgeschlossen, dass die Kinder so verschwunden sind.

KINDERKREUZZÜGE Einige Historiker, unter anderem Gottfried Wilhelm Leibnitz, Philosoph, Mathematiker, Jurist, Historiker und Hofberater (21. Juni julianischer Kalender/1. Juli 1646 gregorianischer Kalender, bis 14. November 1716), vermuteten, dass die Kinder sich den Kinderkreuzzügen angeschlossen haben. Entweder stimmt das Jahr des Kinderauszugs nicht (was ausgeschlossen ist), oder die beiden Jahre, in denen tatsächlich aus ganz Europa Kinder ins Heilige Land gezogen sind, um es vor den Muslimen zu befreien. Diese Kreuzzüge fanden 1212 und 1347 statt.

MORD AUF DEM POPPENBERG Östlich der Stadt gibt es laut den Gebrüdern Grimm einen Hügel namens Poppenberg, auch Koppenberg genannt. Dieser Ort soll voller Magie stecken, schon in vorchristlicher Zeit diente er als Kultstätte. Alle Kinder der Stadt feierten dort regelmäßig heidnische Feste. Als die religiösen Grafen von Spiegelberg da-

Das interessante Stadtmuseum ist in dem Gebäude links und dem Giebelhaus untergebracht.

von erfuhren, lauerten sie den Mädchen und Jungen auf und metzelten sie nieder. So liest sich eine weitere Theorie. Die Menschen im Mittelalter waren grausam. Wenn eine Stadt eine andere überfiel, kam es häufig vor, dass man die ganze Bevölkerung tötete. Meist geschah das aus Angst vor Rache. Falls jemand jetzt diesen ominösen Berg bei Google sucht, wird er ihn nicht finden. In Wirklichkeit handelt es sich nämlich um den Ith. Die Gebrüder Grimm nahmen ihre Geschichten als Märchen wahr, bei denen sie immer etwas dazuerfanden.

NEUE SIEDLER Seit dem 11. Jahrhundert gab es eine Siedlungsbewegung nach Osten. Im Auftrag eines Adligen oder des Klerus wurden sogenannte Locatoren in Städte und Dörfer geschickt, die Menschen anwarben. Diese Locatoren waren auffällig bunt gekleidet und hatten Musiker, Trommler oder Pfeifer dabei, um auf sich aufmerksam zu machen. Hauptsächlich zielten sie auf junge Menschen und Eltern mit Kleinkindern ab, für ältere Leute war so eine Reise viel zu strapaziös. Dies kann gut sein, denn im 13. Jahrhundert lag der Schwerpunkt der Ostkolonisation nach Vertreibung der Slawen in Mähren, Ostpreußen und Siebenbürgen. Und das war so weit entfernt, dass die neuen Siedler von Hameln aus gesehen auf Nimmerwiedersehen verschwunden waren.

DIE LÖSUNG Das waren einige Theorien über das, was damals geschehen sein könnte, keine stammt vom Autor. Vielleicht werden wir es zu Lebzeiten erfahren, vielleicht auch nicht. Eventuell sind sie von Außerirdischen entführt worden, möglicherweise, sogar sehr wahrscheinlich nicht. Für die Hamelner ist und bleibt ihre Stadt ein Touristenmagnet! Und für die Leserin, den Leser, bietet sich viel Platz für eigene

Der Rattenfänger ist in Hameln überall präsent: der Rattenfängerbrunnen.

Interpretationen. Wer sich selbst auf Spurensuche begeben möchte, sollte im Museum beginnen. Oder auf dem Ith.

Das besondere Erlebnis

Nicht weit vom Museum entfernt in der Osterstraße 40 betreibt ein Italiener ein Geschäft mit dem Namen Italo Hameln – Italienische Momente. Es ist eine Mischung aus Feinkostladen für italienische Produkte und Pizzeria. Einige Zutaten wie Prosciutto (Schinken), Spianata (scharfe Salami) oder Salsiccia (eine Art Mettwurst) werden hier vor dem Belegen der Pizza erst aufgeschnitten. Es gibt auch andere Gerichte, wie Pasta, Minestrone oder einen Käseteller. Sehr gut!

29

MENSCHEN, TIERE, SENSATIONEN

Der Eisbär auf dem Alfelder Bahnhofsklo

Wenn aus Kanarienvögeln Elefanten werden, hat das etwas mit einer beschaulichen Kleinstadt im Landkreis Hildesheim zu tun.

Tiermuseum Alfeld (Leine), Landkreis Hildesheim
Ort Am Kirchhof 4/5 31061, Alfeld (Leine) **GPS** 51.986107, 9.826117
Anfahrt Mit dem Zug: Metronom oder RE 2 Göttingen nach Alfeld (Leine). Bahnhofstraße Richtung Innenstadt, gerade über den Kreisel und in die Fußgängerzone. In der Kurzen Straße rechts abbiegen, geradeaus über die Straße Hinter der Schule bis zum Am Kirchhof. Mit dem Auto über die B 3 bis Abfahrt Alfeld. Parkgelegenheit z.B . Am Südwall.

Alte Fotografie: Dargestellt sind die »Schauspieler« der sogenannten Lappenschau.

HANDEL MIT MENSCH UND VOGEL Das 19. Jahrhundert brachte die Expansion der europäischen Nationen in die Welt. Mit der Berührung mit bislang unbekannten Menschen und Tierarten entwickelte sich auch ein gesteigertes Interesse daran. Das war insbesondere bezüglich der Afrikaner, aber auch der indigenen Einwohner aller anderen Kontinente mit tief verwurzeltem Rassismus verbunden. Dieser hatte fatale Folgen für die Indigenen. Aber auch gefangene und nach Europa gebrachte Tiere wurden nicht artgerecht gehalten. Das führt uns zunächst in die Zentrale des Vogelhandels, ins Weserbergland und in den Hils. Doch beginnen wir im Harz. Viele Menschen züchteten dort Kanarienvögel, wie den beliebten Harzer Roller, der seinen Namen nicht vom gleichnamigen Käse hat, sondern von seinem rollenden Gesang. Die Vögel waren sehr gefragt. Nun sollte erwähnt werden, dass ein Hahn 1888 zwischen 15 und 18 Mark kostete, ein Bergarbeiter bekam für eine 10-Stundenschicht 2 Mark in die Lohntüte. Ein lohnendes Geschäft. Zwei Händler kauften die Tiere, transportierten sie zu Fuß zu den deutschen Seehäfen und verkauften sie in der ganzen Welt.

Die Internationalen Jugendgemeinschaftsdienste beleben heute die Villa Ruhe.

LUDWIG REICHE UND LUDWIG RUHE Das waren die Namen der Händler, die ursprünglich vom Glasmacherort Grünenplan aus arbeiteten. Beide zog es dann aber nach Alfeld, da dort die Eisenbahn gebaut wurde. Die ältere der Firmen, die Firma Reiche, exportierte schon seit den 1840er-Jahren Kanarienvögel in die ganze Welt. Von den Reisen brachte Reiche immer dort heimische Tierarten mit, die er an die Zoos im Deutschen Reich verkaufte. Die importierten Tiere wurden immer größer, Schlangen, Eisbären, Löwen oder Elefanten. Der jüngere Betrieb war die Ruhe KG, die anfangs ebenfalls mit Vögeln und später dann mit Großtieren handelte. 1910 übernahm Ludwigs Sohn Hermann I. Ruhe die Firma Reiche. Die Ruhe KG wurde damit die weltgrößte Tierhandlung, die bis 1993 bestand. Das Washingtoner Artenschutzübereinkommen ließ ab 1973 kaum noch legale Einfuhren von Wildtieren zu. Wilderei nahm daher immer mehr überhand. Hermann III. wollte das Gesetz nicht brechen, er baute sein Unternehmen um und spezialisierte sich auf die Planung zoologischer Gärten. Allerdings konnte er es nicht verhindern, dass sein Geschäft langsam den Bach runterging. 1993 war es so weit, als der hannoversche Konkursverwalter Kretschmer das Ruder übernahm und die Firma abwickelte.

ZWEIFELHAFTE FANGMETHODEN Noch heute erinnern sich einige Alfelder gerne an die Tierkarawanen, die am Bahnhof ankamen und durch die Stadt über den Marktplatz bis in die Quarantänestationen getrieben wurden. Mit einem Schmunzeln erinnert man sich auch daran, wie eine Horde Affen ausgebüxt ist, die durch ein offenes Fenster in ein Haus eindrang, dort eine Kissenschlacht veranstaltete und einige Sachschäden hinterließ. Heikler waren sicher die Ausbrüche einer etwa sieben Meter langen Schlange oder der eines Eisbären, dessen Flucht auf der Bahnhofstoilette endete. Aber wie war es um den Tierschutz bestellt? Hierüber gibt eine Broschüre aus dem Jahr 1878 Auskunft. Sie wurde für die Ausstellungen in Alfeld, Hannover und Frankfurt am Main gedruckt und trug den Titel »Junge Nilpferde auf der Weide unter der Pflege eines Nubiers«. In ihr wird detailverliebt beschrieben, wie die Tierfänger unter Einsatz ihres Lebens den Hippo-Jungbullen Said fingen und der Kampf mit dem Tier einen ganzen Tag gedauert hätte. In Wirklichkeit wurde das Muttertier erschossen, damit man den jungen Hippopotamus einfangen konnte. Diese Praxis war üblich und bei unberechenbaren Wildtieren, es wurden meist nur Jungtiere gefangen, zu dieser Zeit auch ziemlich gefährlich. Betäubungsgewehre gab es nicht, Betäubungsmittel mussten über Harpunen verabreicht werden.

DIE VÖLKERSCHAUEN Vorweg: Es ist ab jetzt eine Gratwanderung. Der Rassismus dieser Zeit muss beschrieben werden, aber viele Worte sind eigentlich tabu. Dennoch werden sie hier verwendet. Es ist nicht die Redeweise des Autors, es ist die Sprache des 19. und 20. Jahrhunderts. Wer den Titel der Broschüre aufmerksam gelesen hat, dem ist vielleicht aufgefallen, dass die Nilpferde von einem jungen Nubier gepflegt wurden. Dieser Mann hieß Jacub Ismail, seine Aufgaben in Deutschland übernahm er nicht etwa in westlicher Kleidung, vielmehr wurde er so ausstaffiert, dass die deutschen Klischees voll bedient wurden. Das bedeutet, dass er so eingekleidet wurde, wie sich die Deutschen einen Menschen vorstellten, der in Afrika in einem sogenannten »Negerkral« hauste. Der ehemalige französische Fußballstar Christian Karembeu ist Nachfahre eines dieser »Schauspieler«. In einem Interview erzählte er, was er von den Schauen, an denen sein Urgroßvater teilgenommen hat, weiß. »Sie sollten sich wie Kannibalen benehmen, sollten wilde Schreie ausstoßen. Alle Besucher sollten Angst haben.« Der Urgroßvater stammte aus Neukaledonien und dachte, er würde mit einer Gruppe seines Stammes sein Land bei der Pariser Kolonialausstellung vertreten. Doch er landete im Zoo Hannover und auch im Tierpark Hagenbeck, um dort ausgestellt zu werden. Hagenbeck war längst ins selbe Geschäft eingestiegen, Karembeu und sein Stamm waren von ihm verpflichtet worden. Auch die Firmen Reiche und Ruhe veranstalteten Völkerschauen. Das waren unter anderem die »Polarschau« mit Samen aus Lappland, die ›Somalischau« oder die »Lippennegerschau«. (Die Frauen der Ethnie Sara aus dem Süden des Tschad vergrößerten früher ihre Lippen durch das Dehnen mittels Lippenscheiben.) Den Völkern wurde ein Dorf im Zoo errichtet und die Bewohner mussten sich wild gebären, begafft, bestaunt, fotografiert. In den Zoos, in die Reiche, Ruhe oder andere Veranstalter sie steckten. Die Schauen waren Sensationen

Die einst weltgößte Tierhandlung ist auf vielen Verteilerkästen immer noch präsent.

Nicht nur Elefanten gehörten in Alfeld früher zum normalen Stadtbild.

und zogen Unmengen an Besuchern an, denen jedoch ein vollkommen verlogenes Bild präsentiert wurde. Noch eine der vielen Kehrseiten dieser Medaille: Die – wenn man es so will – Schauspieler mussten in Stammestracht auftreten, an das deutsche Wetter waren sie nicht gewöhnt. Viele wurden krank, einige starben sogar. Nach Vertragsende wurden sie meist wieder in ihre Heimat zurückgebracht.

DIE VILLA RUHE Alles, was Ruhe erjagte oder unter Vertrag nahm, wurde erst einmal nach Alfeld gebracht. Nun kamen Zoo- und Zirkusdirektoren aus der ganzen Welt in die Kleinstadt. Die Besucher mussten untergebracht werden, dazu erbaute der Tierhändler die Villa Ruhe in der Kalandstraße 8. Heute ist die Villa Ruhe Fortbildungsstätte für die Internationalen Jugendgemeinschaftsdienste (ijgd). Nach dem Einzug in das gemietete Gebäude stieß der Verein auf ein dunkles Kapitel in der Geschichte der Ruhe KG, erzählt Elena Kraft, die für die Öffentlichkeitsarbeit zuständig ist. Damit waren nicht nur die teilweise rücksichtslosen Fangmethoden der für Ruhe arbeitenden Jäger gemeint, die die Orang-Utan-Population auf Borneo fast ausrotteten, sondern auch die Völkerschauen. Ausgestopfte Tiere und Informationen sowie Bilder zeigt mittlerweile das Tiermuseum in Alfeld. (Falls verschlossen, einfach im benachbarten Stadtmuseum fragen) die Geschichte des Alfelder Tierhandels. Hermann Ruhe III. war übrigens jahrzehntelang der Direktor des Zoos Hannover.

Das besondere Erlebnis

Das prächtige Gebäude neben dem Tiermuseum beherbergt das Stadtmuseum Alfeld. Früher diente das 1610 erbaute Fachwerkhaus als Lateinschule. Es gilt dank des reichen Bild- und Architekturschmucks als herausragendes Beispiel der Hildesheimer Holzbaukunst. Interessierte finden auf der Internetseite alt-alfeld.de viele Informationen über die Tierhandlung Ruhe und die Alte Lateinschule.

Nur noch wenige Reste zeugen von der Existenz einer riesigen Sprengstofffabrik.

30

RÄTSEL AM WALDBAD

Die Ruinen im Bomlitzer Wald

Idyllisch liegt das Waldbad am Rande von Bomlitz. Läuft man auf einem der Waldwege, stechen dem Wanderer Hügel und Löcher ins Auge. Und was hat es mit den übermannsgroßen Erdwällen auf sich?

Bomlitz, Landkreis Heidekreis **Ort** Hans-Böckler-Straße 36, 29699 Walsrode **GPS** 52.902041, 9.645266 **Anfahrt** Mit dem Auto über die A 7 bis Ausfahrt Bad Fallingbostel, dann über die Kröger Landstraße und die Bad Fallingbosteler Straße nach Bomlitz.

ERSTE ENTDECKUNGEN Viel ist nicht mehr zu sehen, aber wenn man sich die Zeit nimmt, entdeckt man immer mehr Überbleibsel einer längst vergangenen Epoche. Hier steht eine uralte Lampe, dort finden sich Treppenreste, die seltsam deplatziert und ziemlich alt wirken. Vor allem fällt die eigentümliche Geländeformung auf. Mal sind es tiefe oftmals kreisrunde Löcher, daneben ragen mehr als mannshohe Kegel in die Luft, in einigen stecken halb vergrabene Betonquader. Und überall erobert sich die Natur das von Menschen geschaffene Areal zurück. Denn dieses liegt mitten im Wald um das Bomlitzer Waldbad. Und dann sind da diese geradlinigen hohen Wälle, die zwischen der Badeanstalt und der nördlich gelegenen Oberschule zu finden sind. Die Wurzeln, die sich um diese Betonbrocken gewickelt haben, erinnern an Ta Som, eine Tempelanlage von Angkor in Kambodscha, wo sich die Würgefeigen langsam, aber sicher die Natur zurückerobern. Die Ficus-Art wächst naturgemäß nicht in Bomlitz, es ist einheimischer Laubwald. Eine kleine Gedenktafel an der Straße, die zum unteren Parkplatz führt, erklärt dem Besucher, was hier einst stand.

FABRIKBAU Es ist das ehemalige Gelände der EIBIA GmbH für chemische Produkte, auch Waldhof genannt, ein Tochterunternehmen der Firma Wolff & Co, die ab 1935 dort ein Werk zur Produktion von Schießbaumwolle aufbaute. Diese Substanz mit der chemischen Bezeichnung Cellulosenitrat ist eine weiße, geschmacklose, geruchslose, fasrige Masse, die die Eigenschaft hat, auch ohne Sauerstoff zu explodieren. Dabei entsteht kein sichtbarer Rauch. Auf einer Gesamtfläche von 35 Hektar wurden 121 Gebäude errichtet, darunter eine Wasserversorgung, zwei Kraftwerke und eine Gleisanlage. 1937 entstand die Anlage WALO I, die anfangs zu Forschungs- und Versuchszwecken gebaut wurde. Hier wurde nach Fertigstellung mit Feststoff-Treibmitteln für Raketenantriebe experimentiert. Später wurden Raketentreibsätze hergestellt, gegen Kriegsende waren es um die 80.000 im Monat. 1938 wurde der Ausbau fortgesetzt und das Gelände auf 230 Hektar erweitert. Es erwuchs WALO II mit 262 Gebäuden und bis zu vier Stockwerken unterirdisch. Aus Tarnungsgründen wurden viele Bauten mit bepflanzten Betonflachdächern bedeckt. Die Verwaltungsbauten sahen dagegen wie normale Wohnhäuser aus. 56 Bauwerke wurden zur Sicherheit mit den Erdwällen umgeben. Die Wälle, die heute noch sichtbar sind, gehörten zu WALO I. Teilweise liegen sie jedoch auf dem Schulgelände der Oberschule Bomlitz. Sie dürfen laut einem Schild nur mit Genehmigung des Schuldirektors betreten werden. Zwischen den Wällen waren vier Bunker untergebracht, in denen das explosive Pulver

Eine Straßenlampe steht mitten im Wald. Ob sie noch leuchtet?

bei erhöhter Temperatur vorgealtert wurde. 1944 wurden monatlich etwa 1.600 Tonnen Cellulosenitrat, 300 Tonnen sogenanntes rauchloses Pulver und 2.800 Tonnen Nitroglyzerinpulver hergestellt.

DER BETRIEB Die Arbeit war sehr gefährlich, es gab mehrere Unglücke mit Sprengstoff. Bei der schwersten Katastrophe am 2. Juli 1944 wurden 50 Menschen verletzt, einige Gebäude sind dabei zerstört worden. Daneben gab es öfter auch Tote. Bis zu 6.000 Arbeitskräfte waren nötig, darunter viele Zwangsarbeiter zum Beispiel Jüdinnen aus Polen und italienische Kriegsgefangene. Was es niemals gab, waren Luftangriffe der Alliierten. Die kannten zwar die ungefähren Koordinaten, verschonten das Werk aber. Der Betrieb endete erst mit dem Einmarsch der britischen Truppen in Bomlitz am 16. April 1945. Bis zur Besetzung des Werksgeländes wurde noch im vollen Umfang gearbeitet.

DAS ENDE 1949 wurden etwa 200 Gebäude gesprengt, ein Jahr später wurde mit dem Abbruch der restlichen Bauwerke begonnen. Von den rund 600 damit beschäftigten Arbeitern kamen bei Explosionen fünf ums Leben, denn immer wieder explodierten Rückstände des Sprengstoffes. Nach dem Abbau war das Areal jahrelang Sperrgebiet. Und das wurde im Jahr 1989 schließlich zu einem Naherholungsgebiet mit Waldbad. In

Diese Treppen verbanden früher Gebäude.
Heute erleichtern sie den Spaziergang durch den Wald.

der Lohheide wechseln sich Waldgebiete, Auen, Wiesen und Heidegebiete ab. Kaum etwas erinnert an die Vergangenheit, in der auf diesem Gebiet die größte deutsche Sprengstofffabrik stand. Denn die Natur hatte jahrzehntelang Zeit, sich zu erholen. Heute gibt es viele Wanderwege, die auch an den überwuchernden Hügeln gesprengter Gebäude und an Betonüberresten vorbeiführen. Insgesamt blieben nur 42 Bauten erhalten. Die meisten davon werden in der Gegenwart von Firmen und von der Schule genutzt, zwei Objekte sind nun Wohnhäuser in der Siedlung. Ansonsten ist von diesem Riesenwerk kaum noch etwas zu erkennen. Außer ein paar Betontrümmern und den Wällen.

Das besondere Erlebnis

Wer nach dem Besuch der Überreste der Sprengstofffabrik nicht ins kühle Nass des Waldbads springen möchte, hat die Gelegenheit, sich den größten Vogelpark der Welt anzusehen. Deshalb heißt der Park seit 2010 Weltvogelpark Walsrode. Hier können Tiere aus allen Kontinenten und Klimazonen bestaunt werden. Neben den bekannten Flugshows mit Greifvögeln werden auch welche mit Papageien, Pelikanen oder Laufenten gezeigt. Besonders spektakulär dürfte die Flugshow mit den Laufenten sein, die deshalb so bezeichnet werden, weil sie flugunfähig sind. Ob da Katapulte zum Einsatz kommen? Faszinierend ist das Kolibri-Haus.

Dieser Wall schützte die Umgebung vor nicht gewollten Explosionen.

31

WO IST DER SCHAUSTELLER?

Das geheimnisvolle Haus in Nienburg

Persönliche Dokumente liegen überall verstreut herum. Viele Rechnungen zeigen, welcher Arbeit der Bewohner nachgegangen ist. Doch der ist spurlos verschwunden.

Nienburg/Weser **Ort** Langer Moorweg, 31582 Nienburg/Weser **GPS** 52.637272, 9.253823 **Anfahrt** Mit dem Zug RE 8 Bremerhaven/Lehe bis Bahnhof Weser, weiter ab ZOB mit Linie 40 Rodewald bis Haltestelle Nienburg Friedhof Kräher Weg. Mit dem Auto über die B 6 nach Nienburg/Weser, am Pferdekopfweg/Langer Moorweg parken und zu Fuß in den Langer Moorweg. Das Objekt liegt etwa 100 m nach den letzten Häusern direkt an der Straße auf der linken Seite.

Der Schuppen diente als Garage, Werkstatt und Abstellkammer. Lange wird er nicht mehr stehen.

MINIMALISTISCHE EINRICHTUNG

Eigentlich grenzt es an ein Wunder, dass das Haus des Schaustellers noch fast im Zustand von 2021 ist. Es liegt nämlich unweit der Siedlung am Ortsrand etwas versteckt im Wald. Das Haus wurde 2021 von einem Mitglied der Gruppe Urbex Elite, die verlassene Orte wieder sichtbar macht, gefunden. Er veröffentlichte ein Video auf YouTube. In dem Film könnte man meinen, dass der Bewohner eben erst ausgezogen ist. Im Wohnzimmer stand eine Couch, zwei Ohrensessel und ein etwas aus der Mode geratener Wohnzimmertisch mit Fliesen. Viel mehr hätte nicht hineingepasst, denn das Häuschen ist sehr klein. Grob geschätzt bot es 40 Quadratmeter Wohnfläche. Teile der Einrichtung waren noch intakt. Drei Teller und einen Tonbecher hat eine andere YouTuberin – Skelli_onTour – unter anderem dort gefunden. Besonders ordentlich schien der Bewohner nicht gewesen zu sein, überall lagen persönliche Unterlagen und Gegenstände verstreut herum. Und eine Bruchbude war das Haus wohl schon länger, denn die restlichen Innenräume sahen ebenfalls verwahrlost aus. Die Schränke waren aus dem Baumarkt oder selbst gezimmert und zum Teil kaputt. In einem Zimmer fielen die Tapeten von den Wänden und der Decke und die Toilette wirkte – nun ja – nicht gerade hygienisch. Draußen im Garten gab es eine Art Werkstatt oder einen Schuppen, der zum Unterstellen eines Fahrzeugs gedacht war. Hier fanden sich Farbdosen, Werkzeuge und zertrümmerte

Vandalen sind oft ein Problem. Den einen geht es um Zerstörung, den anderen um gute Bilder.

Eingangstür: Auch hier haben Vandalen ihre Spuren hinterlassen.

Schränke, die möglicherweise beim Einsturz des Daches zerstört worden waren.

WIE KOMMT MAN AUF EINEN SCHAUSTELLER? Das Objekt wird »Das Haus des Schaustellers« genannt. Quer durch das Wohnzimmer verstreute Unterlagen lassen auf den ehemaligen Bewohner schließen: Es gab viele Rechnungen, die sich auf das Jahrmarktgeschäft bezogen, wahrscheinlich hat der frühere Bewohner Fahrgeschäfte vermietet. 2021 klebte an einem Fenster noch ein Windows-Color-Bild, es stellte ein Kinderkarussell dar. Im verwilderten Garten liegt auch ein für einen Kirmes-Eiswagen typisches Reklameschild.

DER AKTUELLE ZUSTAND Mehrere Besucher dieses Lost Places haben ihn leider nicht so hinterlassen, wie sie sie vorgefunden haben. So wurden das Wohnzimmer verwüstet, dem Tisch die Beine weggetreten und alle Scheiben, die 2021 noch intakt waren, eingeworfen. Einiges vom herumstehenden Geschirr ist zerdeppert worden, während die Teller möglicherweise einen neuen Liebhaber gefunden haben. Ansonsten sieht das Häuschen immer noch so ähnlich aus wie in den beiden erwähnten Videos. Viele von den Unterlagen sind weiterhin vorhanden. Was wohl mit dem Schausteller geschehen ist? Da kann man nur raten. Bei einem erneuten Besuch im Jahr 2026 war das Haus in einem ähnlichen Zustand wie 2022. Natürlich nagt der Zahn der Zeit daran, der durch die kaputten Fenster öfter mal hereinschaut.

Das besondere Erlebnis

Die Straßenführung in der Innenstadt von Nienburg/Weser entspricht immer noch derjenigen in der Frühen Neuzeit. Dies zeigt eine Karte aus dem Jahr 1634, der sogenannte Hamelmannplan. Es sind viele historische Gebäude dabei zu entdecken. Auf dem jüdischen Friedhof liegen Verstorbene aus den Jahren 1694–1950, 200 Grabsteine zeugen davon.

Die Zähne der Zeit nagen normalerweise viel langsamer als Hände und Füße.

Die Gedenkstätte: Drei Granitstelen des Künstlers Peter Greve erinnern an das Unglück.

32

DER PREIS DES RUHMES

Das Grubenunglück von Lengede

Was zählt mehr: Menschenleben und Arbeitsschutz oder Gewinnstreben? In diesem Fall siegte der Gewinn. Und während des Unglücks kamen Gier und Sensationslust dazu.

Lengede, Landkreis Peine **Ort** Grubenweg 21, 38268 Lengede-Broisstedt **GPS** 52.199943, 10.325950 **Anfahrt** Mit dem Zug: S 4 Hildesheim bis Hildesheim, dann mit dem RE 50 Wolfsburg bis Bhf. Lengede/Broisstedt. Über Broisstedter Straße Vechelder Straße in den Grubenweg. Mit dem Auto über die A 2 bis Ausfahrt 52 Peine, dann über die B 65 nach Lengede.

EIN GANZ NORMALER ARBEITSTAG Es war der 24. Oktober 1963, ein Donnerstag. Die Mittagsschicht von Bernhard Wolter neigte sich dem Ende entgegen. Er hatte es eilig nach Hause zu kommen, dort warteten die fünf Monate alte Tochter und seine Frau auf ihn. Sein Arbeitsplatz lag tief in der Erde, denn er war Bergmann im Schacht Mathilde des Eisenerzbergwerks Lengede-Broisstedt. Mit ihm waren 129 Männer unter Tage, Kumpel und Techniker. Nur wenige Minuten später wusste er nicht einmal, ob er das Tageslicht jemals wiedersehen würde.

EIN PFROPFEN AUS BETON Viele Bergwerke haben sogenannte Absetzbecken, in denen das nach oben gepumpte Wasser geklärt wird. Becken 12 war noch relativ neu und mit knapp 500.000 Kubikmetern Wasser gefüllt. Es war in einem ausgeerzten, also stillgelegten, Stollen angelegt worden. Beton-Pfropfen und Gesteinsfüllungen sollten es abdichten. Doch der Betreiber, die Ilseder Hütte AG, war wirtschaftlich angeschlagen. Es hatte schon einige Wassereinbrüche gegeben, die meldepflichtig waren. Gemeldet wurden diese den Aufsichtsbehörden jedoch nicht. Ein Untersuchungsbericht stellte später fest, dass diese Anlage ein höchstgefährliches Risiko darstelle. An diesem 24. Oktober, kurz vor Ende der Mittagsschicht, platzte der Pfropfen und 500 Millionen Liter Wasser und Schlamm stürzten in den Schacht Mathilde. Die Flut riss alles mit sich, was im Weg war. Viele der Bergleute hatten jedoch Glück, sie konnten sich selbst retten, 2 über den Hauptschacht, 44 über den Materialstollen und 33 wurden mit Hilfe von Strickleitern durch ein Wetterbohrloch gezogen. 79 Kumpel waren gerettet. Einen Tag später wurde eine Suchbohrung angesetzt, die auf dem Hauptbremsberg gerichtet war. Das ist eine geneigte Grube, durch die mit gebremsten Wagen Material nach unten und oben befördert wird. Dort vermutete man in etwa 40 Metern Tiefe sieben Männer. Nach 70 Minuten konnte ein Kontakt zu den Kumpel hergestellt werden, eine Rettungsbohrung wurde eingeleitet, erwies sich aber als unnötig, da durch das abgesunkene Wasser ein Fluchtweg freigeworden war. Sie konnten sich auf einem Floß in Sicherheit bringen. Fast schon ungeheuerlich war die Liste, die die Betriebsleitung bereits am Samstag aushängte, auf ihr standen 39 Namen, diejenigen, die von der Hüttendirektion als tot erklärt wurden. Auch eine Trauerfeier sei bereits in Vorbereitung, hieß es da. An die Witwen wurden jeweils 500 DM ausgezahlt für die Beerdigungskosten. Dennoch ging die Rettung weiter. Vier Kumpel hatten in einem Schacht gearbeitet, der vom Hauptschacht 2,5 Kilometer entfernt lag. Die Hoffnung war, dass das Wasser die Luft zusammengedrückt und sich so eine Luftblase gebildet hatte. Eine Lösung für das Problem – wenn man die Grube anbohren würde, würde auch die Luft entweichen – fanden Tiefbauingenieure einer Erdölfirma. Sie setzten sogenannte Preventer ein, das sind Ventile, die einen Blowout verhindern. Nun konnte eine Rettungsbohrung gestartet werden und tatsächlich meldeten sich drei Kumpel durch Klopfen an das Bohrgestänge. Sie konnten mit Nahrung und trockener Kleidung versorgt werden. Die Bohrung dauerte bis Montag. Ein Grubenwehrmann ließ sich zu den Überlebenden hinab, mit seiner Hilfe wurden sie mit Dahlbuschbomben, torpedoähnliche Rettungskapseln, geborgen.

FÜR TOT ERKLÄRT Bernhard Wolter und 20 Kollegen gelang durch einen alten Streckenausbau die Flucht. Als das Wasser kam, kletterten sie in den nächst höher gelegenen Schacht. Immer weiter mussten sie nach oben, bis sie sich in einem Bruchhohlraum, der Alter Mann genannt wurde, in Sicherheit bringen konnten. Doch von Sicherheit konnte kaum die Rede sein. Die Männer waren in einem Hohlraum gefangen, der gerade mal 6 x 2 x 3 Meter maß. Der Sauerstoff wurde schnell knapp und die Grubenlampen würden auch nicht mehr lange brennen. Nahrung hatte keiner bei sich, aber Wasser gab es reichlich. Sie waren lebendig begraben. Kurz darauf konnten sie sich kaum mehr wach halten.

DAS WUNDER VON LENGEDE Ein paar Tage später – wie lange wussten sie nicht – waren sie noch am Leben. Einige von ihnen. Zehn der Kameraden, sie waren bei Steinschlägen gestorben, verwesten vor dem Alten Mann. Sie hatten kein Licht mehr, seit Tagen nichts gegessen, aber die Überlebenden waren nicht erstickt, denn vermutlich kam durch ein Metallrohr etwas Luft zu ihnen. Es war stockdunkel. Auch getrunken hatten sie schon ewig nichts mehr, aus Angst vor dem Leichengift. Der Elektriker Adolf Herbst hielt es nicht mehr aus, er stürzte sich auf das verseuchte Wasser. Der Rest wartete ab, ob Herbst überlebte, dann tranken auch sie. Die Folge waren Wahnvorstellungen. Über Tage ließen die Kumpel oben nicht locker und bearbeiteten die Betriebsleitung. Einer hatte die These aufgestellt, dass sich vielleicht jemand in den Alten Mann habe retten können. Der Hüttendirektor glaubte jedoch nicht daran, fürchtete aber den Zorn der Bergleute. Also genehmigte er eine letzte Bohrung. Was nun geschah, war eine Mischung aus reinem Glück und Zufall. Ein Wunder! Der Bruchhohlraum war nur ungenau in der Karte eingetragen, doch man wusste, dass in seiner Nähe Schienen verliefen, die eingezeichnet waren. Der Vermessungstechniker entschloss sich dazu, die Suchbohrung einige Meter entfernt von den Gleisen zu setzen. Wolter hörte das Bohrgeräusch. Mit einem Taschenmesser klopfte er laut gegen das Metallrohr. Der Vermessungstechniker lag richtig oder hatte gut geschätzt, denn kurz darauf brach der Bohrkopf durch die Decke des Alten Manns. Über ein dünnes Rohr konnten die lebendig Begrabenen Kontakt zur Außenwelt aufnehmen und mit Getränken versorgt werden. Wolter wünschte sich auch Zigaretten, doch die wurden ihm verweigert. Gerettet waren sie aber lange nicht, denn es gab immer wieder Steinschläge, Einer von ihnen traf Bernhard Wolter und zertrümmerte seine Rippen. Es dauerte noch Tage, bis die Rettungsbohrung ihr Ziel erreichte. Zu groß war die Gefahr, dass der Hohlraum einstürzte. Aber sie hatten nun eine Gegensprechanlage, mit der sie mit ihren Familien und den Rettungskräften kommunizieren konnten. Als Bundeskanzler Ludwig Erhard anrief, hielten sie es für einen Scherz. Am 7. November war es dann so weit, 14 Tage nach dem Grubenunglück wurde eine Dahlbuschbombe zu ihnen herabgelassen, mit der einer nach dem anderen gerettet wurde. 29 Kumpel starben bei dem Unglück, 10 davon im Alten Mann. Sie konnten nicht geborgen werden.

DAS LEBEN DANACH Die Unverfrorenheit der Betriebsleitung steigerte sich ins Unermessliche. Als sein Gesundheitszustand Arbeit wieder zuließ, wurde Wolter angeboten, über Tage zu arbeiten, doch nach einiger Zeit wurde sein Lohn gekürzt. Zudem forderte der Hüttendirektor die 500 DM Beerdigungskosten zurück. Das Geld reichte der jungen Familie nicht mehr, deshalb nahm er einen Exklusivvertrag der Zeitschrift Stern an. Er schrieb ein Buch und hielt Vorträge über seine Erlebnisse. Bernhard Wolter starb 2003. Es gab nie einen Prozess. Das Landgericht Hildesheim lehnte ihn ab, das Oberlandesgericht Celle bestätigte die Ablehnung.

DIE MEDIEN Die Boulevardpresse ist bekannt dafür, solche Ereignisse auszuschlachten und zu Geld zu machen. Allen voran die Zeitung mit den 4 Buchstaben. Die mietete eine komplette Gaststätte und richtete dort eine Katastrophenredaktion ein. Einige Reporter benahmen sich wie die Wilden und belagerten die Familien der Bergleute aus Sensationslust. Ein anderer ließ sich nicht aus dem Lage-Zelt der Rettungskräfte bitten und wurde schließlich mit Gewalt hinausgeprügelt. Insgesamt waren fast 450 Medienleute aus aller Welt vor Ort. Hilfreicher waren der Norddeutsche Rundfunk und das Zweite Deutsche Fernsehen, sie stellten die Technik bei den 48 Pressekonferenzen und auch die Gegensprechanlage. Es war das größte mediale Ereignis, das es bis dahin gab.

DIE GEDENKSTÄTTE 1964 wurde eine Gedenkstätte eingerichtet. Es gibt 2 Gedenktafeln, eine davon ist den 12 Toten von 1968 gewidmet, die bei einer Explosion im Schacht Mathilde umkamen. Zudem ist eine schematische Darstellung der Bohrungen angelegt worden. In einem Waschbeton-Ring stecken 2 Zylinder mit den Durchmessern 5,8 und 48 Zentimetern. Der eine symbolisiert die Suchbohrung, der andere die Rettungsbohrung. Das Bergwerk ist nicht mehr in Betrieb, an seiner Stelle befindet sich heute ein Industriegebiet.

Das besondere Erlebnis

Wenn man den atemraubenden Aufstieg auf den Seilbahnberg geschafft hat, wird man mit einer atemberaubenden Aussicht belohnt. Ungezählte steile Stufen führen hinauf zur Aussichtsplattform auf dem künstlichen Berg, der eigentlich eine Abraumhalde ist.

↓ Am Seilbahnberg: Auch hier erinnert eine Statue eines Kumpels an das Unglück.

↘ Originalgetreue Darstellung der Durchmesser der Such- und der Rettungsbohrung.

33

DER KÖNIGREICHSAAL IN DER SYNAGOGE

Bückeburg und die Judenverfolgung

Lange schwelender Hass und das Gefühl der geistigen, politischen und kulturellen Überlegenheit: eine ungute Mischung.

Bückeburg, Landkreis Schaumburg **Ort** Bahnhofstraße 33, 31675 Bückeburg **GPS** 52.261631, 9.046182 **Anfahrt** Mit der Bahn: RE 70 Bielefeld bis Bhf Bückeburg, zu Fuß über die Bahnhofstraße bis Innenstadt. Mit dem Auto über die A 2, Ausfahrt Bad Eilsen West und über die B 83 nach Bückeburg

Die ehemalige Synagoge in Bückeburg, einst Hoffnung, später Hassobjekt

DIE REICHSPOGROMNACHT Woher die Bezeichnung Reichskristallnacht kam, ist unbekannt. Die Nationalsozialisten haben diesen Begriff nicht verwendet. Was für eine verharmlosende Benennung für den offiziellen Beginn eines Genozids. Auf einem jährlich stattfindenden Treffen der NSDAP-Führung zum Gedenken an den gescheiterten Hitler-Putsch vom 9. November 1923 hielt Propagandaminister Goebbels eine Hetzrede. Dabei kam er auf zwei Pogrome zu sprechen, die in Kurhessen und Magdeburg-Anhalt stattgefunden hatten. Zwar würde die NSDAP solche Aktionen nicht organisieren, sagte er, aber behindern werde die Partei sie auch nicht. Kaum war die Rede zu Ende gegangen, wurden die bereits wartenden Trupps in Bewegung gesetzt. Als Vorwand diente der Tod des eigentlich unbekannten Diplomaten Ernst Eduard vom Rath, der zwei Tage zuvor von dem polnischen Juden Herschel Grynszpan angeschossen worden war. Daraufhin stürmte der Mob durch deutsche Straßen. SA-Truppen und auch die Hitlerjugend schmissen die Schaufenster jüdischer Geschäfte ein und plünderten sie. Anschließend waren die Wohnungen der Juden an der Reihe. Wer auf das Klingeln nicht sofort öffnete, dem wurden die Türen aufgebrochen. Systematisch wurde alles zerstört, was für die Verbrecher nicht von Wert war, Bargeld, Schmuck und Sparbücher geraubt, die Bewohner misshandelt, teilweise ins Gefängnis getrieben. Synagogen, Kinderheime, Altenheime, jede jüdische Einrichtung wurde – wenn möglich – in Brand gesteckt. Der Holocaust hatte begonnen. Im beschaulichen Bückeburg wüteten die Nazischergen in der Nacht vom 10. auf dem 11. November. Hier war eines der Ziele die Synagoge. Der Mob brach in die Kirche ein und setzte den Betsaal in Brand. Die Feuerwehr stand dabei und unternahm nichts. Erst nach einer Stunde fingen sie an, das Feuer zu löschen, wahrscheinlich auf Druck der Bürger Bückeburgs, die bei der Bekämpfung des Brandes auch mitgewirkt haben sollen.

EIN NEUES GOTTESHAUS Eigentlich kamen die Bückeburger recht gut mit den Juden aus. Als deren Gemeindevorsteher Aron um einen Bauplatz bat, wurde ihm einer in der Bahnhofstraße, in unmittelbarer Nähe zum Marktplatz, zugeteilt. Der Weg zur neuen Eisenbahn sollte mit einer weiteren prächtigen Fassade geschmückt werden. 1866 wurde die Synagoge eingeweiht. Zur Feier kamen hochrangige Vertreter der Stadt, des Fürstentums Schaumburg-Lippe und der örtlichen Kirchen. Die Juden waren Teil der Gemeinde und es wurden Hoffnungen geäußert, dass in und um das neue Gotteshaus herum das jüdische Leben erblühen solle. Doch in ganz Deutschland erstarkten wieder die Aufschreie nationalkonservativer Politiker und Kirchenvertreter. Es war der wirtschaftliche Aufstieg der jüdischen Oberschicht, die sozialen Neid und die alten Vorurteile aufkeimen ließen. Die hässliche Pflanze Antisemitismus wucherte immer weiter bis zum Tod des Diplomaten Ernst Eduard vom Rath. Da die Juden im Nachgang der Reichspogromnacht allesamt enteignet wurden, brauchte man sogenannte »Judenquartiere«. In einer Bank, einem Geschäftshaus und der Synagoge wurden die Juden in Bückeburg eingepfercht. Besitzer der Kirche war nun die Reichsvereinigung der Juden in Deutschland. Das war eine 1939 geschaffene Vereinigung, in die alle Personen, die nach den Nürnberger Gesetzen als Juden galten, zwangsweise eintreten mussten. Die musste die Synagoge nun an die Stadt verkaufen. Statt eines geschätzten Verkaufspreises von 22.000 Reichsmark erhielt sie nur 8.300 Reichsmark. Die Begründung: Vor einer arischen Neunutzung müsse das Haus dem Empfinden des deutschen Menschen entsprechend umgestaltet werden. Die Umbaukosten wurden der Reichsvereinigung der Juden in Deutschland also in Rechnung gestellt.

NACH DEM KRIEG Neuer Besitzer war die Jewish Trust Corporation for Germany. Das war eine in London ansässige jüdische Rechtsnachfolge-Organisation. Die verkaufte das Haus Mitte der 1950er-Jahre an einen Bückeburger Mann, der den Zeugen Jehovas angehörte. Daraufhin wurde das Haus als Königreichsaal genutzt. An die Vergangenheit wollte in Bückeburg niemand erinnert werden. Erst nach langen Bemühungen der Schülergruppe Geschichtswerkstatt mit ihrem Lehrer Klaus Maiwald von der Herderschule gelang es, eine Gedenktafel anzubringen: »Dieses Gebäude diente von seiner Erbauung 1866 bis zum 9.11.1938 als Synagoge«, ist darauf zu lesen. Schließlich wurde auch ein Gedenkstein für die jüdischen Opfer der Nazi-Diktatur hinter dem Stadthaus am Sable-Platz errichtet.

Das besondere Erlebnis

In direkter Nachbarschaft zur Synagoge und nicht zu übersehen, ist das Hubschraubermuseum beheimatet. Auf 2.500 Quadratmetern Ausstellungsfläche werden 51 Trag-, Flug-, Verwandlungs- und Hubschrauber gezeigt. Der Gast darf auch selbst abheben, jedoch nur im Simulator. Der Hubschraubersimulator wurde bis 2012 von der Bundeswehr zur Ausbildung von Piloten eingesetzt. 10 Minuten Rundflug kosten 10,00 € (auch im Falle eines Absturzes).

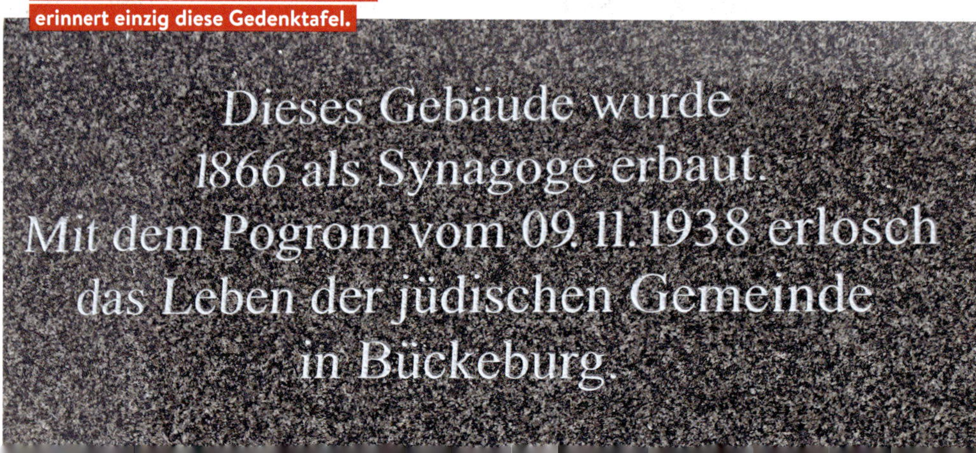

An die Vergangenheit des Gebäudes erinnert einzig diese Gedenktafel.

Erst auf Druck einer Schülergruppe errichtet: der Gedenkstein für die ermordeten Juden

Einst ein beliebter Freizeitpark mit Liebesäpfeln und Achterbahn.
Heute ein Reiterhof, auf dem es nur noch Pferdeäpfel gibt.

Dies ist keine Filmkulisse:
Das Gefängnis der Polizeidirektion Hannover wird auch heute noch benutzt.

REGISTER

IMPRESSUM

Verantwortlich: Claudia Hohdorf
Lektorat: Tobias Keil
Korrektorat: Eva Gsänger
Layout: BUCHFLINK Rüdiger Wagner
Covergestaltung: Rudi Stix, Mathias Frisch
Layout- und Reihengestaltung: Mathias Frisch
Kartografie: Bruckmann Verlag GmbH, Heidi Schmalfuß
Repro: LUDWIG:media
Herstellung: Alexander Knoll
Printed in Slovenia by Florjancic

★★★★★

Sind Sie mit diesem Titel zufrieden? Dann würden wir uns über Ihre Weiterempfehlung freuen.
Erzählen Sie es im Freundeskreis, berichten Sie Ihrem Buchhändler, oder bewerten Sie bei Onlinekauf. Und wenn Sie Kritik, Korrekturen, Aktualisierungen haben, freuen wir uns über Ihre Nachricht an Bruckmann Verlag, Postfach 40 02 09, D-80702 München oder per E-Mail an lektorat@verlagshaus.de.

Unser komplettes Programm finden Sie unter www.bruckmann.de

In diesem Buch wird aus Gründen der besseren Lesbarkeit das generische Maskulinum verwendet. Weibliche und anderweitige Geschlechteridentitäten werden dabei ausdrücklich mitgemeint, soweit es für die Aussage erforderlich ist.

Empfehlung der Redaktion Sie sind auf der Suche nach weiterführender Literatur? Dann empfehlen wir Ihnen den Titel »Lost & Dark Places Mecklenburg« von Oliver Hübner.

Bildnachweis Alle Bilder stammen von Uwe Grießmann mit Ausnahme von: Picture Alliance: S. 40 (dpa), 41 (Ullstein Bild), 43 (dpa/Holger Hollemann), 64-65 (imageBROKER/Ralph Deseniß), 67 (dpa/Julian Stratenschultem); Verein für Gemeindediakonie Barsinghausen e.V./Joachim Richter, S. 106; Wikimedia Commons: S. 28 (540914Bo), 41 (gemeinfrei), 49, 52 (Scan aus der Illustrierten Zeitung von 1872 nach einer Zeichnung von Carl Grote/gemeinfrei), 55 (gemeinfrei), 62 u. (Fotograf Wilhelm Ackermann, Jahr 1920/gemeinfrei), 77 (gemeinfrei), 83 (gemeinfrei), 108 (gemeinfrei); Fotografiert mit freundlicher Genehmigung des Tiermuseum Alfeld, S. 134, 137

Umschlagvorderseite: Der Hexenturm im Hinüberschen Garten (Kapitel 5)
Umschlagrückseite: Am geheimnisvollen Haus in Nienburg (Kapitel 31)

Die Deutsche Nationalbibliothek verzeichnet diese Publikation in der Deutschen Nationalbibliografie; detaillierte bibliografische Daten sind im Internet über http://dnb.d-nb.de abrufbar.

2. aktualisierte Auflage

ISBN 978-3-7343-2438-3